Das Mama-Buch für das erste Babyjahr

150 einfache Hacks für einen entspannten Alltag mit Baby

Emilia Rosen

1. Auflage Juli 2024

Ehrengut Verlag
c/o COCENTER GmbH
Koppoldstr. 1
86551 Aichach

www.ehrengut-verlag.de
info@ehrengut-verlag.de

Lektorat und Korrektorat: Martina Müller
Cover: Wolkenart – Marie-Katharina Becker

ISBN: 978-3-9825230-7-1

Die **Mutterschaft** ist ein **wundervolles Abenteuer**,

das wahrscheinlich nicht nur **anstrengender** und **herausfordernder** ist,

als du dir vorher je hättest vorstellen können,

sondern auch **erfüllender**, **glücklicher** und **herzerwärmender**.

Inhalt

Vorwort

Ich freue mich, dass du dich für mein Buch entschieden hast! Als baldige oder frischgebackene Mama stehst du vor einer Fülle von neuen Erfahrungen, Herausforderungen und besonderen Momenten. Damit du deine Reise durch das erste Babyjahr für dich und dein Baby so entspannt wie möglich gestalten kannst, habe ich gemeinsam mit anderen Müttern dieses Nachschlagewerk zusammengestellt. Es soll dir ein treuer Begleiter durch die erste aufregende Zeit mit deinem Baby sein.

Du fragst dich, wie dich dieses Buch unterstützen kann?

Das lässt sich ganz einfach beantworten: In den ersten zwölf Monaten mit Baby ändert sich dein Leben: Die schlaflosen Nächte, das Jonglieren mit Windeln, die Sorgen um die Gesundheit und Entwicklung deines Babys – fast jede Mama kennt diese Herausforderungen nur zu gut. Aber auch die unbeschreibliche Freude, wenn das Baby zum ersten Mal lächelt, brabbelt oder sich das erste Mal umdreht.

Jede Frau muss in die Rolle der Mutter erst hineinfinden, niemand wird als Mutter geboren. Dabei ist es wichtig, dass jede Mama ihren ureigenen Weg findet und diesen dann auch geht. Die praktischen Ratschläge und einfachen Tipps in diesem Buch sollen dich begleiten und dich in deiner Mutterrolle unterstützen. Sie stammen von Müttern mit Babys und Kleinkindern, die ihre Erfahrungen und ihr Wissen teilen und anderen Müttern damit helfen möchten.

Es gibt bereits sehr viele Bücher für Mamas. Was ist das Besondere an diesem Buch?

In diesem Buch findest du zahlreiche bewährte Strategien aus der Alltagspraxis von Müttern, die dich durch die unterschiedlichen Phasen des ersten Jahres begleiten sollen. Für viele Alltagssituationen habe ich wertvolle Tipps und Tricks für dich zusammengestellt. Es ist nicht notwendig und auch nicht sinnvoll, alle auszuprobieren. Am besten nutzt du nur jene, mit denen du dich wohl fühlst.

Dieses Buch ist mehr als ein Standard-Ratgeber. Es ist ein Nachschlagewerk bei akuten Herausforderungen und soll dir dabei helfen, eine enge Bindung zu deinem Baby aufzubauen. Es gibt keine perfekten Mütter, aber es gibt Mütter, die ihr Bestes geben. Und mit diesem Buch an deiner Seite bist du bereit, das bestmöglich zu meistern, was das erste Jahr mit deinem Baby für dich bereithält. Schlage nach, wenn du das Gefühl hast, dass du Unterstützung benötigst und entdecke, wie du als Mama nicht nur überlebst, sondern dein erstes Jahr mit deinem Baby mit Gelassenheit und Leichtigkeit durchlebst.

Bist du bereit für dieses Abenteuer?

Dann tauche ein und finde heraus, wie du den Alltag mit deinem Baby entspannt gestalten kannst. Ich wünsche dir viel Freude beim Lesen und Stöbern.

Deine Emilia

01 | ERSTAUSSTATTUNG UND ZUBEHÖR
Womit du das alltägliche Leben für dich und dein Baby leichter machst

"Weniger ist (oft) mehr."

Mies van der Rohe, Architekt (1886 - 1969)

Die Wahl der richtigen Ausstattung macht einen großen Unterschied in deinem Tagesablauf und hilft dir dabei, den Alltag für dich und dein Baby angenehmer zu gestalten. Praktische Kleidung auszuwählen, die richtigen Inhalte für die Wickeltasche zu finden und sinnvolle Geschenkwünsche zu äußern sind nur einige Beispiele, die dir helfen können, dein Leben mit Baby zu vereinfachen. Häufig gilt dabei die Devise: Weniger ist mehr. Babys wachsen schnell und vieles kann ausgeliehen oder improvisiert werden. In diesem Buch gebe ich dir einige Tipps, die das aufzeigen.

Bei der Auswahl der Ausstattung finde ich es wichtig stets im Hinterkopf zu haben, dass die Bedürfnisse jedes Babys und jeder Familie einzigartig sind. Was für eine Familie gut funktioniert, muss nicht unbedingt für eine andere passen. Deshalb ist es entscheidend, deine eigenen Prioritäten und Vorlieben und die deines Babys und deiner Familie zu berücksichtigen.

In diesem Kapitel möchte ich dir Wissen aus der Praxis vermitteln, damit du für dich und dein Kind passende Entscheidungen treffen kannst. So kannst du die Reise durch das erste Babyjahr für dich und dein Baby so angenehm und entspannt wie möglich gestalten.

Hack #1: Besorge dir hilfreiche Nachschlagewerke

Wann besorgen? am besten bereits vor der Geburt

Vorteile für die Eltern: für das erste Babyjahr bestens gerüstet und informiert sein

Das Muttersein ist manchmal mit Unsicherheiten verbunden, und in diesen Momenten können bewährte Ratgeber wahre Rettungsanker sein. Zwei solcher Bücher sind für viele Eltern *Babyjahre* von Remo H. Largo und *Oje, ich wachse!* von Hetty van de Rijt und Frans X. Pooij. Diese Bücher geben Eltern wertvolle Einblicke in die Welt der Babys und Kleinkinder. Die Bücher helfen nicht nur bei den typischen Herausforderungen im ersten Babyjahr, sondern auch in der Zeit danach.

Durch *Babyjahre* erhältst du einen tiefen Einblick in die Entwicklung deines Babys, angefangen bei der Geburt bis zum 5. Lebensjahr. Remo H. Largo, ein renommierter Kinderarzt, teilt sein umfassendes Wissen, um Eltern bei der Bewältigung verschiedener Entwicklungsphasen zu unterstützen.

Oje, ich wachse! wiederum konzentriert sich auf die Entwicklungssprünge, die Babys durchlaufen, und gibt Einblicke in die damit verbundenen Veränderungen im Verhalten und den Bedürfnissen.
Beide Autoren bieten praktische Ratschläge, um Eltern durch diese manchmal anspruchsvollen Phasen zu begleiten.
Diese Bücher sind keine einmaligen Lektüren, sondern wie dieses Buch Begleiter auf der Elternreise. Sie bieten nicht nur Antworten auf konkrete Fragen, sondern fördern auch das Verständnis für die Bedürfnisse und Entwicklungsschritte des Kindes.

Wenn du die Bücher nicht kaufen möchtest, kann du sie dir in einer Bibliothek oder vielleicht auch bei Freunden ausleihen. Von *Oje, ich wachse!* gibt es auch eine App, die du auf dein Smartphone herunterladen kannst.

Hack #2: Wünsche dir Gutscheine

Wann? vor der Geburt oder in den Wochen danach
Vorteile für die Eltern: *wirklich* hilfreiche und nützliche Geschenke von Freunden und Verwandten

Wirst du schon regelmäßig gefragt, was du dir wünschst und was du für dein Baby und dich nach der Geburt noch benötigst? Oder stehen Freunde und Familie bereits Schlange, um deinem Baby und dir zu gratulieren und um Geschenke vorbeizubringen?
Zweiteres mag zwar gut gemeint sein, aber vielleicht möchtest du lieber die Kontrolle über die Auswahl der Geschenke behalten. Hier kommt die Idee ins Spiel, die Schenkenden ein wenig zu bremsen und stattdessen auf Gutscheine zu setzen – eine oftmals äußerst sinnvolle Geschenkalternative zu Unmengen an Bekleidung und Spielzeug.

Gutscheine bieten eine flexible Lösung, die es dir ermöglicht, die Bedürfnisse deines Babys nach eigenem Ermessen zu erfüllen. Anstatt Schränke mit Dingen anzuhäufen, die vielleicht nur einmalig verwendet werden oder überflüssig sind, erlauben dir Gutscheine, gezielt das zu besorgen, was du benötigst. Und zwar genau dann, wenn du es auch wirklich brauchst! Gutscheine eignen sich zum Beispiel für Windeln, Pflegeprodukte oder sogar professionelle Dienstleistungen wie Babymassage oder Schwimmkurse.

Hack #3: Nimm unentgeltliche Geschenke in Anspruch

Wann? vor der Geburt, denn es gibt bereits Pakete für die Schwangerschaft

Vorteile für die Eltern: Pflegeprodukte und weitere praktische Geschenke

Was die großzügigen Gesten betrifft: Wusstest du, dass Drogeriemärkte und Babybrei-Anbieter regelmäßig Gratisproben und Willkommenspakete für Neugeborene anbieten?

Falls dir dies noch nicht bekannt war, lohnt es sich definitiv, dieses Angebot zu nutzen. Diese Pakete enthalten häufig praktische Produkte, die während der ersten Zeit mit Baby von großem Nutzen sind. Von Pflegeartikeln bis hin zu kleinen Accessoires für Mama oder Baby – die kostenlosen Geschenke solltest du dir zumindest anschauen, den meistens lohnt es sich, sie anzunehmen.

Es besteht keine Verpflichtung, langfristig Kunde zu bleiben. Du kannst in aller Ruhe die Qualität der Produkte und die Services der Unternehmen prüfen und anschließend selbst entscheiden, ob du diese fortlaufend in Anspruch nehmen möchtest.

Hack #4: Spare durch gebrauchte Ausstattung

Wann besorgen? vor der Geburt

Vorteile für die Eltern: gespartes Geld bzw. optimal eingesetztes Geld

Vorteile für das Baby: schadstoffarme Bekleidung und Möbelstücke

Die Verlockung, brandneue, entzückende Babybodys für unter 10 Euro pro Stück zu ergattern, mag zunächst günstig erscheinen. Doch die Realität setzt schnell ein, wenn klar wird, dass du in den kommenden Wochen gleich 6 bis 10 davon benötigst, und bald darauf dieselbe Menge in der nächsten Größe. Die Kosten für die Kleidung deines wachsenden Babys können sich summieren, und der Gedanke an Sparen scheint angesichts dieser Herausforderung kaum vereinbar.

Eine clevere Alternative bietet der Schwenk zu *gebraucht*. Deinem Baby macht es nichts aus, im Gegenteil – gebrauchte Kleidung hat den Vorteil, dass Schadstoffe bereits ausgewaschen sind und gebrauchte Möbel ausreichend gelüftet wurden. Eine Fülle an Babysachen in passender Größe findet sich oft im Bekanntenkreis, auf Flohmärkten oder auf Online-Plattformen.

Der Kauf gebrauchter Babyartikel ist ökonomisch und nachhaltig. Durch die Weiterverwendung von Kleidung und Möbeln leistest du einen Beitrag zum Umweltschutz. Zudem hat der Gebrauchtmarkt den Vorteil, dass du hochwertige Marken zu einem Bruchteil des Neupreises ergattern kannst. So lässt sich finanzielle Entlastung mit Umweltbewusstsein vereinen.

Hack #5: Spare Platz durch cleveres Rollen von Bekleidung

Wann? beim Einräumen von Babykleidung in Schubladen

Vorteile für die Eltern: platzsparendes Verstauen von Kleidung in Schubladen

Wenn du die Kleidungsstücke für dein Baby in Schubladen einräumst und Platz sparen möchtest, gibt es einen cleveren Trick, um sie kompakt zu verstauen.

Lege ein Bekleidungsset wie zum Beispiel Body und Hose übereinander und rolle sie zusammen. Um die Rolle zu fixieren, kannst du auf jeder Seite eine Socke darüberstülpen. Diese Methode ermöglicht nicht nur ein platzsparendes Verstauen, sondern hält auch das Bekleidungs-Set ordentlich und griffbereit. Das Rollen der Kleidungsstücke verhindert zudem unschöne Falten und erleichtert das spätere Herausnehmen aus der Schublade.

Mit dieser praktischen Technik hast du alles Nötige für einen eventuellen Kleidungswechsel sofort zur Hand und schaffst auch zusätzlichen Platz in der Schublade für andere wichtige Utensilien.

Auch wenn du verreist, kannst du die Kleidungsstücke rollen – dann passt auch mehr in den Koffer.

Hack #6: Statte dich selbst mit Outdoor-Kleidung aus

Wann besorgen? bereits in der Schwangerschaft oder nach der Geburt

Vorteile für die Eltern: passende Kleidung für lange Spaziergänge bei jedem Wetter

Mit einem Baby kommst du ganz schön rum – da ist die richtige Outdoor-Kleidung Gold wert.

Gute Schuhe sind ein Muss, am besten welche, die sich für längere Strecken eignen und obendrein wasserabweisend sind. Außerdem ist eine wasserdichte und windabweisende Jacke mit Kapuze so eine Sache, die du nicht missen solltest. Schließlich möchtest du vielleicht mit deinem Baby auch dann raus, wenn das Wetter alles andere als einladend ist. An solchen Tagen können sogar Gummistiefel praktisch sein, da kann der Regen kommen, wie er will.

Es mag vielleicht nach viel Equipment klingen, diese Investitionen können die Outdoor-Abenteuer mit deinem Baby aber um einiges angenehmer machen. Denke beim Ankleiden an den allzeit bewährten Zwiebel-Look!

Also, ab nach draußen, gut eingepackt und bereit für alles, was die Natur so parat hat.

Hack #7: Besorge dir ein Mini-Stillkissen

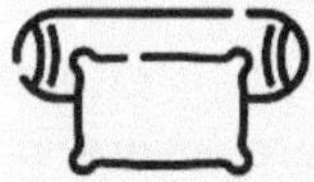

Wann besorgen? in der Schwangerschaft

Vorteile für die Eltern: eine angenehme Position beim Füttern zu Hause und unterwegs

Das Mini-Stillkissen ähnelt einem Nackenkissen, ist jedoch flexibler und äußerst handlich. Es ermöglicht eine bequeme Positionierung des Babys beim Stillen oder Füttern mit der Flasche sowohl zu Hause auf dem Sofa oder im Bett also auch unterwegs.

Wie ein klassisches Stillkissen dient es dazu, die Arme der Mutter beim Stillen zu entlasten. Eltern, die die Flasche geben, können das Baby auf dem Stillkissen positionieren und es beim Füttern so ebenso im Arm halten. Zusätzlich ist es auch als Lagerungskissen praktisch, besonders wenn das Baby auf der Seite liegen soll.

Hack #8: Nutze Wickelbodys

Wann besorgen? in der Schwangerschaft

Wie viele besorgen? 5 bis 6 Bodys in den Größen 50 bis 62, nachkaufen geht immer

Vorteile für die Eltern: ein angenehmeres und schnelleres An- und Ausziehen

Wickelbodys sind zweifellos die Helden der Babygarderobe. Der Grund dafür liegt auf der Hand – oder besser gesagt, am Kopf des Babys. Denn

die Mehrheit der Babys empfindet es als äußerst unangenehm, wenn Kleidungsstücke über den empfindlichen Kopf gezogen werden. In diesem Punkt erweisen sich Wickelbodys als praktische Lösung, um das Anziehen und Ausziehen für Eltern und Babys gleichermaßen angenehm zu gestalten.
Doch nicht nur das: Auch Strampler mit praktischen Knopfleisten im Schrittbereich sind ein absolutes Must-have. Insbesondere während des täglichen Windelwechselmarathons erweisen sich diese Kleidungsstücke als äußerst praktisch. Das lästige Komplett-Ausziehen entfällt, da die Knopfleisten im Schrittbereich einen bequemen Zugang zur Windel ermöglichen. Dies erleichtert nicht nur den Eltern das Leben, sondern sorgt auch dafür, dass das Baby während des Wickelns nicht vollständig entkleidet werden muss.
Die Vielfalt an farbenfrohen Designs und kuscheligen Materialien macht die Wickelbodys darüber hinaus zu einem modischen und komfortablen Kleidungsstück für die Kleinsten. Kurz gesagt, sie sind nicht nur praktisch, sondern auch stylish – ein echter Hit für Babys und ihre Eltern.

Hack #9: Vermeide Kapuzen und Schuhe

Baby-Alter: 0 bis 12 Monate

Vorteile für das Baby: Babys fühlen sich ohne Kapuze und Schuhe meist wohler

Die bezaubernde Welt der Babykleidung verführt oft zu unwiderstehlichen Käufen. Doch inmitten der süßen Auswahl gibt es Teile, die sich in die Kategorie *verzichtbar* einordnen lassen. Dazu gehören insbesondere alle Oberteile ohne Jackenfunktion, die mit einer Kapuze ausgestattet sind. Denn während Kapuzen sicherlich ihren visuellen Reiz haben, können sie beim Liegen störend sein und das Baby in seiner Bewegungsfreiheit beeinträchtigen.

Ein weiteres überflüssiges Accessoire für Babys bis zu sechs Monaten sind Babyschuhe. Diese mögen zwar niedlich erscheinen, aber sie zwängen die zarten Füßchen unnötig ein und verhindern, dass das Kind seine Füße und Zehen spielerisch erforschen kann. Die Entdeckungsreise des eigenen Körpers ist für die motorische Entwicklung des Babys von großer Bedeutung. Babyschuhe könnten diesen natürlichen Prozess behindern und sollten daher in den ersten Monaten vermieden werden.

Es ist ratsam, bei der Auswahl von Babykleidung auf praktische Aspekte und die Bedürfnisse des Kindes zu achten. Kleidungsstücke, die den natürlichen Bewegungen und Entdeckungen des Babys förderlich sind, stehen im Fokus.

Hack #10: Wähle Wollwalk-Overalls für draußen

Wann besorgen? Je nach Bedarf

Baby-Alter: von 3 bis 12 Monaten

Vorteile für das Baby: optimale Temperatur

Vorteile für die Eltern: einfache Pflege und Langlebigkeit

Viele Eltern schätzen die Vorteile von Kleidungsstücken, die aus natürlichen Fasern hergestellt sind. Ein besonders beliebtes Highlight in dieser Kategorie sind zweifellos Wollwalk-Overalls. Diese Kleidungsstücke erweisen sich als wahre Alleskönner, die nicht nur stylish aussehen,

sondern auch eine Vielzahl von praktischen Vorzügen bieten.
Die herausragende Eigenschaft von Wollwalk-Overalls liegt in ihrer Fähigkeit, die optimale Temperatur für dein Baby zu gewährleisten. Sie halten die Kälte draußen, ohne dabei Überhitzung zu verursachen. Dies ist besonders wichtig, um sicherzustellen, dass dein Kleines stets gemütlich und wohlbehütet ist, egal bei welchem Wetter.

Darüber hinaus zeichnen sich Wollwalk-Overalls durch ihre Langlebigkeit aus. Gut gepflegt können sie über eine längere Zeit hinweg, und oft sogar noch von Geschwisterkindern getragen werden. Nachdem dein Baby herausgewachsen ist, behalten sie einen beachtlichen Wiederverkaufswert.

Die Investition in Wollwalk-Overalls wird somit nicht nur durch den Komfort für dein Baby belohnt, sondern auch durch die nachhaltige Nutzung und den potenziellen Wiederverkauf. Ein echtes Must-have für alle, die auf Qualität und Funktionalität setzen und gleichzeitig einen Beitrag zur Umweltfreundlichkeit leisten möchten.

Hack #11: Nutze Socken bei großen Stramplern mit Füßen

Baby-Alter: 0-3 Monate

Vorteile für das Baby: angenehmes Tragegefühl des Stramplers mit Füßen

Besonders in den ersten Monaten können Strampler mit Füßen manchmal etwas großzügig geschnitten sein. Babys schaffen es oft nicht, ihre winzigen Füßchen an Ort und Stelle zu halten. Sie rutschen nach oben oder beide in ein Hosenbein, was für das Baby ziemlich unangenehm sein kann. Ein einfacher und effektiver Trick, den viele Eltern nutzen, ist das Überziehen von Socken über den Strampler. So können die Füße beim Bewegen nicht aus dem Fußteil hinausschlüpfen.

Hack #12: Nutze Babynachthemden im Sommer

Baby-Alter: 0-3 Monate

Vorteile für das Baby: ein angenehmes nächtliches Wickeln

Vorteile für die Eltern: eine angenehme Nachtruhe

Babynachthemden für Jungs und Mädels sind eine interessante und praktische Alternative zu klassischen Schlafanzügen. Der Hauptvorteil liegt darin, dass sie das nächtliche Wickeln für die Eltern und das Baby erleichtern. Das hochschiebbare Nachthemd ermöglicht einen unkomplizierten Zugang zum Windelbereich, was besonders praktisch ist, wenn dein Baby gewickelt werden muss. Es erleichtert den Prozess und stört das Baby weniger im Schlaf. Das Berühren seiner zwei eigenen nackten Beine kann für manche Babys beruhigend wirken. Babynachthemden ermöglichen es dem Baby, seine nackten Beine zu spüren, was eine angenehme sensorische Erfahrung sein kann.

Hack #13: Nutze abgeschnittene Stoppersocken

Wann besorgen? wenn dein Kind anfängt zu krabbeln

Wie viele besorgen? 2-3 Paar

Baby-Alter: ab 6 Monaten

Vorteile für das Baby: krabbeln ohne ausrutschen

Vorteile für die Eltern: kostengünstige Alternative zu teuren Krabbelstrumpfhosen

Wenn dein Kind anfängt zu krabbeln, stellen glatte Bodenflächen oft eine Herausforderung dar. Die Bewegungsfreiheit deines Babys kann durch das Rutschen auf dem Boden erheblich beeinträchtigt sein. In dieser Situation stehen dir zwei Optionen zur Verfügung: der Kauf teurer Krabbelstrumpfhosen mit rutschfesten Knien oder die clevere Nutzung von abgeschnittenen Stoppersocken als praktische Alternative.

Der Hack besteht darin, Stoppersocken so zu wählen, dass sie perfekt zu den Beinen deines Kindes passen – hierbei ist besonders darauf zu achten, dass nichts einschnürt. Anschließend schneidest du einfach die Spitze der Socken ab, und voilà, du hast rutschfeste Knieschoner selbst gemacht. Diese DIY-Lösung ist nicht nur kostengünstig, sondern auch äußerst effektiv, um die Sicherheit deines Babys beim Krabbeln auf glatten Oberflächen zu gewährleisten.

Hack #14: Platziere Tücher an wichtigen Stellen

Wann besorgen? Tücher aller Arten kannst du bereits in der Schwangerschaft besorgen

Vorteile für die Eltern: Sauberkeit und Wohlfühlmomente, schnelle Reinigung

Verschiedene Tücher wie Feuchttücher, Spucktücher, Papiertücher und Mulltücher, sind nicht nur für die Babypflege praktisch, sondern auch als vielseitige Reinigungshilfen im ganzen Haus.

Um ihre Effektivität zu maximieren, solltest du in jedem Raum deines Hauses sowie in deinem Auto und bei deinen Eltern passende Tücher griffbereit haben. Du kannst beispielsweise Spucktücher in der Küche verwenden, um schnell mal etwas wegzuwischen, eine Packung Papiertücher im Wohnzimmer für kleinere Verschmutzungen nach den Mahlzeiten bereithalten und Feuchttücher im Auto für unterwegs mitführen.

Hack #15: Besorge das Lieblingskuscheltier ein zweites Mal

Wann besorgen? am besten sofort

Baby-Alter: ab 6 Monaten

Vorteile für das Baby: weniger Tränen, wenn das Kuscheltier gewaschen, verlegt, vergessen oder verloren wird

Vorteile für die Eltern: ein sauberes Kuscheltier, vorbereitet sein bei Verlegen oder Verlust

Wenn dein Kind bereits ein Lieblingskuscheltier oder Kuscheltuch hat, kann es hilfreich sein, ein zweites Exemplar zu besorgen. Das hat mehrere Vorteile:

- Waschen und Reinigen: Kinder lieben es, ihre Kuscheltiere überall mit hinzunehmen. Indem du zwei identische Exemplare hast, kannst du eins waschen, während das andere noch beim Kind ist.
- Verlustprävention: Kinder können ihre geliebten Kuscheltiere manchmal verlieren. Wenn du ein Ersatzkuscheltier hast, kannst du es unauffällig austauschen, wenn das Original verloren geht. Das kann eine Menge Stress für dich und dein Kind verhindern.
- Flexibilität: Es ist immer gut, Optionen zu haben. Manchmal mögen Kinder beide Kuscheltiere gleichermaßen, manchmal entwickeln sie eine Vorliebe für eines. Mit einem Ersatzkuscheltier bist du vorbereitet.

Wenn du ein zweites Exemplar besorgst, versuche sicherzustellen, dass es identisch oder sehr ähnlich zum Original ist.

Hack #16: Lass Preisschilder an der Babykleidung dran!

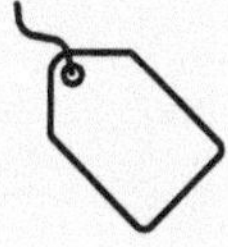

Wann? am Ende der Schwangerschaft
Vorteile für das Baby: Babykleidung in passender Größe

Bist du noch schwanger und hast bereits Babykleidung besorgt? Oder hast du mehr Babykleidung geschenkt bekommen, als du deinem Kind jemals anziehen kannst?

Wenn ja, dann überlege dir, Preisschilder an der Babykleidung dranzulassen, anstatt sie zu entfernen und die Kleidung zu waschen. Möglicherweise weißt du nicht genau, welche Kleidungsstücke am besten funktionieren oder welche Größen dein Baby benötigen wird. Oft kommt es nämlich vor, dass Babys im Mutterleib größer oder kleiner geschätzt werden, als sie dann schließlich sind. Das bedeutet, dass die besorgte Babykleidung entweder zu klein oder zu groß ist. Wenn du die Etiketten dranlässt, behältst du die Möglichkeit des Umtauschs oder der Rückgabe. Wenn du Kleidung nicht benötigst, kannst du sie so auch weiterverschenken. Dieser Hack hilft, Geld zu sparen und sicherzustellen, dass du nur das behältst, was du wirklich benötigst.

Hack #17: Nutze Wäscheklammern im Baby-Schrank

Wann? jederzeit

Vorteile für die Eltern: gute Organisation des Kleiderschranks, Kostenersparnis

Hat dein Baby bereits einen eigenen Kleiderschrank? Du fragst dich, wie du Babyhosen und sonstige Kleidung am besten aufhängen kannst?

Wenn spezielle Kleiderbügel für Baby-Hosen und sonstige Klamotten teuer oder schwer zu finden sind, können Wäscheklammern eine gute Alternative sein.

Hänge die kleinen Outfits einfach mit Wäscheklammern auf die horizontale Leiste der Kleiderbügel, die du bereits zu Hause hast. Diese einfache und praktische Lösung hilft dir, den Kleiderschrank deines Babys übersichtlich zu gestalten, ohne spezielle Kinder-Kleiderbügel oder Klammerbügel kaufen zu müssen.

Checkliste zur Ausstattung

Bitte beachte, dass dies nur eine Auswahl von Möglichkeiten ist und auch nicht alle Optionen umgesetzt werden sollen und können.

1. Besorge dir hilfreiche Nachschlagewerke
2. Wünsche dir Gutscheine
3. Nimm unentgeltliche Geschenke in Anspruch
4. Spare durch gebrauchte Ausstattung
5. Spare Platz durch cleveres Rollen von Beleidung
6. Statte dich selbst mit Outdoor-Kleidung aus
7. Besorge dir ein Mini-Stillkissen
8. Nutze Wickelbodys
9. Vermeide Kapuzen und Schuhe
10. Wähle Wollwalk-Overalls für draußen
11. Nutze Socken bei großen Stramplern mit Füßen
12. Nutze Babynachthemden im Sommer
13. Nutze abgeschnittene Stoppersocken
14. Platziere Tücher an wichtigen Stellen
15. Besorge das Lieblingskuscheltier ein zweites Mal
16. Lass Preisschilder an der Babykleidung dran
17. Nutze Wäscheklammern im Baby-Schrank

02 | ALLTAG
Wie du die Tage mit deinem Baby so entspannt wie möglich gestalten kannst

Wenn die Tage stressig sind, dann merke dir: Es ist nur eine Phase und geht vorbei.

In Anlehnung an Buddha

Eine bedürfnisgerechte Gestaltung der alltäglichen Abläufe kommt dir als auch deinem Baby zugute. Indem du dich bewusst darauf konzentrierst, die Bedürfnisse deines Babys zu verstehen und darauf einzugehen, schaffst du eine Atmosphäre des Vertrauens und der Sicherheit, die für seine Entwicklung entscheidend ist.

Zudem ist es wichtig, dass du nicht nur für dein Baby, sondern auch für dich selbst sorgst, um deine körperliche und emotionale Gesundheit zu erhalten. Ich werden dir einige praktische Strategien vorstellen, wie du trotz der neuen Verantwortungen Zeit für dich selbst finden kannst, um deine Batterien aufzuladen und gestärkt durch diese aufregende Zeit zu gehen.

Mein Ziel ist es, dir die nötige Unterstützung und Anleitung zu geben, damit du dich in deiner neuen Rolle als Mutter sicher und selbstbewusst fühlst. Mit den passenden Hacks wirst du hoffentlich besser in der Lage sein, die wertvolle Zeit mit deinem Baby optimal zu nutzen und gemeinsam eine entspannte Reise zu erleben.

Hack #18: Depriorisiere das Putzen!

Baby-Alter: 0-3 Monate
Vorteile für die Eltern: mehr Familienzeit

Klischees über die Erwartung, dass Eltern mit einem Baby stets eine perfekt aufgeräumte Wohnung haben sollen, können Druck und Stress verursachen. Doch es ist Zeit, sich von dieser unrealistischen Vorstellung zu verabschieden – es sei denn, ihr habt jemanden, der das Aufräumen und Putzen für euch übernimmt.

In den ersten Monaten sollte es für dich und vor allem für andere in Ordnung sein, wenn öfters mal was liegen bleibt, sich etwas Staub am Boden sammelt oder sich ab und zu die Wäsche stapelt. Das ist ganz normal! Solange die Eltern auf sich und ihr Baby achten, ist sogar alles in bester Ordnung. Also, schone vor allem dich und deinen Beckenboden und mach es dir vor allem in der Anfangszeit entspannt auf dem Sofa gemütlich. Denn diese Zeit kommt nie wieder zurück. Deshalb: Mach das Beste daraus.

Hack #19: Nimm dein Kind mit ins Badezimmer

Baby-Alter: 0-3 Monate

Vorteile für die Eltern: Zeit für die Körperhygiene

Der Tag ist vorbei, und du hast es den ganzen Tag lang nicht geschafft, zu duschen? Es klingt unglaublich, doch viele Eltern kennen das!

Die passende Zeit fürs Duschen zu finden, kann eine tägliche Herausforderung sein, aber mit diesem Hack kannst du die tägliche Pflege nahtlos in deinen Alltag integrieren. Setze dein Kind in eine sichere Wippe oder platziere es auf einer weichen Krabbeldecke im Badezimmer, während du dich duschst. Sichere den Bereich um die Wippe oder die Krabbeldecke, um mögliche Gefahren zu minimieren. Dies schafft einen sicheren Platz und dein Baby kann sich in deiner Nähe aufhalten, während du dich duschst. Wähle am besten einen Duschzeitpunkt, der mit dem Schlafrhythmus oder der Spielzeit deines Babys übereinstimmt, um eine positive Atmosphäre zu schaffen.

Vielleicht interagierst du auch mal spielerisch mit deinem Kind: Sprich mit ihm oder singe ihm Lieder vor. Häufig schlafen Babys beim Rauschen des Wassers sogar ein. Dieser einfache Hack ermöglicht es dir, die tägliche Pflege effizient zu gestalten, während das Kind in einer sicheren Umgebung Spaß hat.

Hack #20: Nutze auch mal Trockenshampoo und Mützen

Baby-Alter: 0-3 Monate

Vorteile für die Eltern: ein frischer Look, Zeitersparnis

Wenn die Zeit fürs Haarewaschen knapp ist, kann Trockenshampoo eine großartige Lösung sein, um einen Tag zu überbrücken. Einfach aufsprühen, einmassieren und schon fühlen sich die Haare wieder frischer an. Es ist ein praktisches Mittel, um das Haar einerseits aufzufrischen und andererseits Zeit zu sparen. Und wenn wirklich gar keine Zeit bleibt oder das Trockenshampoo nicht ausreicht, können Mützen eine stylishe Rettung sein. Sie sind längst nicht mehr auf den Winter beschränkt und verleihen dem Look oft noch das gewisse Etwas.

Hack #21: Nutze Lieferdienste

Baby-Alter: 0-3 Monate

Vorteile fürs Baby: weniger Stress und keine Reizüberflutung in Geschäften

Vorteile für die Eltern: Familienzeit

Mit einem Baby das Haus in fünf Minuten zu verlassen, klingt eher nach einer Herausforderung als nach Realität. Das Kind sollte satt und zufrieden sein, frisch gewickelt und passend für die Jahreszeit angezogen. Der Einkauf kann daher schon stressig werden, bevor er überhaupt begonnen hat. Und dann kommt noch dazu, dass der Kinderwagen nicht gerade viel Platz für große Einkäufe bietet. Wenn du stattdessen mit dem Auto unterwegs bist, steht dir einiges an Schlepperei bevor. Warum also nicht die großen Vorräte an Lebensmitteln und Windeln bequem nach Hause liefern lassen? So kannst du gemeinsam mit deinem Baby entspannte Spaziergänge genießen und zwischendurch die kleineren Dinge, die dir noch fehlen, besorgen. Das nimmt nicht nur den Stress aus dem Einkaufsprozess, sondern ermöglicht auch, Zeit mit deinem Baby zu verbringen.

Hack #22: Besuche andere, anstatt Besuch zu empfangen

Baby-Alter: 0-6 Monate
Vorteile für Mama: Flexibilität, Bedürfnisorientierung

Während der ersten Monate mit deinem Baby kann es eine gute Idee sein, andere zu besuchen, anstatt selbst Besuch zu empfangen. Das hat einige Vorteile: Erstens musst du dich nicht um das Aufräumen oder Vorbereiten deines Zuhauses kümmern, was den Stress reduzieren kann. Wenn du Freunde oder Familie besuchst, kannst du außerdem besser die Dauer des Besuchs bestimmen und flexibler auf die Bedürfnisse deines Babys reagieren. Du kannst dich entscheiden, wie lange du bleibst und ob es für dein Baby und dich angemessen ist.

Dieser Ansatz ermöglicht es dir, die sozialen Kontakte aufrechtzuerhalten, ohne dass es zu belastend wird. Gleichzeitig kannst du deine eigenen Bedürfnisse und die deines Babys besser berücksichtigen. Vergiss nicht, dass es wichtig ist, dass du dich wohl und unterstützt fühlst, während du diese besondere Zeit erlebst.

Hack #23: Bevorzuge auch mal Videoanrufe

Baby-Alter: 0-6 Monate

Vorteile für die Eltern: Flexibilität, mehr Familienzeit

Die meisten Eltern kennen die gut gemeinten, aber manchmal überfordernden Besuche in den ersten Monaten mit Baby, aber auch danach. Gäste, die unangekündigt vor der Tür stehen und sich bewirten lassen, während die frischgebackenen Eltern mit Augenringen kämpfen. Die erste Zeit mit Baby sollte der Familie gehören und es ist wichtig, diese kostbare Zeit des gegenseitigen Kennenlernens in Ruhe und Privatsphäre zu genießen.

Oftmals bietet sich eine moderne Alternative zu Besuchen an: Warum nicht persönliche Treffen gegen herzliche Videoanrufe tauschen?
Die Idee, Besucher per Videokonferenz zu empfangen, hat nicht nur während der Corona-Pandemie an Popularität gewonnen. Sie ermöglicht es, Freude auf eine Weise zu teilen, die häufig den Bedürfnissen der frischgebackenen Eltern entspricht. Die Vorteile liegen auf der Hand – durch Videoanrufe bleibt die Ruhe zu Hause und in der Familie gewahrt, und die Eltern können selbst entscheiden, wann und wie lange sie sich Verwandten und Freunden widmen möchten.

Besonders praktisch ist der *Aus-Knopf*, der bei Bedarf das Treffen beenden kann. Diese digitale Herangehensweise schafft eine flexible und kontrollierte Umgebung, in der die Eltern die Balance zwischen sozialer Interaktion und der benötigten Ruhe finden können.

Hack #24: Koche vor und friere Essen ein

Baby-Alter: 0-6 Monate

Vorteile für die Eltern: eine schnelle Zubereitung von Mahlzeiten

Die ersten Monate mit Baby werden oft unterschätzt. Die anfängliche Erschöpfung und die körperlichen Veränderungen können die ersten Wochen und Monate mit einem Neugeborenen zu einer körperlich und psychisch herausfordernden Zeit machen. Auch wenn ein Elternteil einkaufen gehen und kochen kann, ist es noch schöner, wenn beide Elternteile viel Zeit zu Hause und mit dem Baby verbringen. Oft wird diese erste Zeit von einer bleiernen Müdigkeit von beiden Elternteilen begleitet. Daher ist es ratsam, im Vorfeld vorzusorgen.

Ein praktischer Tipp für diese Zeit ist, so viel Essen wie möglich einzufrieren. Dies ist nicht nur relevant, wenn nur ein Elternteil die ersten Wochen und Monate mit dem Baby allein verbringt, sondern auch, wenn bereits Geschwister da sind, die zusätzliche Aufmerksamkeit und Betreuung benötigen. Das Einfrieren von Mahlzeiten ermöglicht es, in stressigen Momenten auf vorbereitete, nährstoffreiche Speisen zurückgreifen zu können, ohne sich zusätzlich um die Zubereitung kümmern zu müssen. Selbst zubereitete Suppen, Eintöpfe, Nudelsoßen, Lasagne, Chili con Carne und Gulasch können zum Beispiel sehr gut eingefroren werden.

Hack #25: Schlafe, wenn das Baby schläft

Baby-Alter: 0-6 Monate

Vorteile für die Eltern: mehr Energie und Kraft

Dies ist immer eine gute Idee, häufig hapert es an der Umsetzung: Nutze die Gelegenheit, wenn dein Baby schläft, um selbst auch ein Nickerchen zu machen. Diese Methode, auch als *Schlafen im Tandem* bekannt, kann dazu beitragen, die Erschöpfung zu bewältigen und dir zusätzliche Energie für den Tag zu geben. Wenn dein Baby tagsüber schläft – statt dich sofort anderen Aufgaben zu widmen – gönne dir eine kurze Ruhepause. Setze dich bequem hin oder lege dich hin und erlaube dir, zu entspannen! Selbst kurze Nickerchen können erfrischend wirken und dir helfen, die anstrengenden Tage und Nächte besser zu bewältigen. Ein ausgeruhter Geist und Körper tragen zu einem harmonischen Familienleben bei. Einfach ist das bestimmt nicht, aber es zahlt sich auf jeden Fall aus!

Hack #26: Orientiere dich am Rhythmus deines Babys

Baby-Alter: 0-6 Monate

Vorteile fürs Baby: ein bedürfnisorientierter Alltag

In den ersten Monaten der Elternschaft ist es hilfreich, sich ganz auf den natürlichen Rhythmus des Neugeborenen einzustellen. Beachte dabei die individuellen Bedürfnisse und Signale deines Babys, lass dich von der Flexibilität leiten und konzentriere dich vor allem auf die grundlegenden Bedürfnisse wie Füttern, Wickeln und Beruhigen.

Nach dieser ersten Phase kannst du behutsam Struktur in den Alltag bringen, zum Beispiel durch die Festlegung von Schlaf- und Fütterungszeiten. Wichtig ist hierbei Geduld, da sich Routinen langsam entwickeln. Trotzdem bleibt die Flexibilität entscheidend, da jedes Baby einzigartig ist.

Hack #27: Räume nur ein Mal am Tag auf

Baby-Alter: 0-12 Monate

Vorteile für die Eltern: Zeitersparnis, mehr Familienzeit

Richte dir in relevanten Räumen einen praktischen Aufräumbereich ein, in dem du eine praktische Aufbewahrungsbox platzierst. Dieser Bereich wird zu deinem Sammelpunkt für Dinge, die an ihren Platz zurückkehren müssen. Die Vorteile dieser einfachen Organisation sind vielfältig: Du vermeidest nicht nur ständiges Hin- und Herlaufen, sondern schaffst auch eine effiziente Methode, um Unordnung zu beseitigen. Die Box kann als temporärer Aufbewahrungsort dienen, bevor du die Gegenstände an ihre endgültige Position zurückbringst. Dies ist besonders nützlich, wenn du in Eile bist oder später mehr Zeit fürs Aufräumen hast. Um den Aufräumbereich noch effektiver zu gestalten, kannst du ihn auch mit Kategorien versehen, etwa für Schnuller oder Babyflaschen, Spielzeug, Kleidung oder für andere häufig vorkommende Gegenstände im Haushalt. Das erleichtert nicht nur das spätere Sortieren, sondern trägt auch dazu bei, dass du den Überblick behältst und gezielter aufräumen kannst.

Hack #28: Schaffe in jedem Raum ein Plätzchen für dein Baby

Baby-Alter: 0-12 Monate

Vorteile fürs Baby: bekannte und angenehme Plätze in jedem Raum

Vorteile für die Eltern: eine sichere Umgebung für das Kind, zwei freie Hände

Du kannst dir den Alltag erleichtern, indem du in jedem Raum einen speziellen Platz für dein Baby einrichtest, das können zum Beispiel eine Babywippe im Badezimmer oder eine Krabbeldecke im Wohnzimmer sein. Dies ermöglicht dir, dein Baby stets sicher abzulegen, während du dich in verschiedenen Räumen aufhältst, ohne schwere Babyausrüstung herumschleppen zu müssen. Wenn du beispielsweise Zeit in der Küche verbringst, hat dein Baby zum Beispiel in einem Babystuhl oder in einer Wippe etwas zu tun, während du deine Hände frei hast. Im Wohnzimmer kann ein Stubenwagen eine gemütliche Ruhepause bieten. Diese organisierte Herangehensweise erleichtert nicht nur den Alltag, sondern sorgt auch für einen stressfreien und sicheren Raum für dich und dein Baby in jedem Bereich des Zuhauses.

Hack #29: Reinige Spielzeug in der Spül- oder Waschmaschine

Baby-Alter: 0-12 Monate
Vorteile fürs Baby: hygienisch sauberes Spielzeug
Vorteile für die Eltern: Zeitersparnis

Wenn du das Spielzeug deines Kindes immer mal wieder gründlich reinigen möchtest, ohne allzu großen Aufwand, dann nutze den Geschirrspüler oder die Spülmaschine. Nicht elektronisches und nicht batteriebetriebenes Spielzeug kannst du zum Beispiel einfach in einem Waschbeutel oder im Korb des Geschirrspülers platzieren. Stelle sicher, dass das Spielzeug spülmaschinenfest ist und verwende einen schonenden Reinigungszyklus ohne zu hohe Temperaturen. Verwende am besten ein mildes Geschirrspülmittel, um Schmutz und Keime zu entfernen. Der Geschirrspüler ist besonders für Plastikspielzeug und Lego-Steine geeignet.

Die Waschmaschine ist ideal für Stoffspielzeug, Plüschtiere und waschbare Materialien. Platziere die Spielzeuge in einem Kissenbezug oder einem speziellen Waschbeutel, um Schäden zu vermeiden. Verwende einen schonenden Waschgang mit kaltem Wasser und ein mildes Waschmittel. Um mögliche Verformungen zu minimieren, trockne die Spielzeuge an der Luft oder im Schonprogramm des Trockners bei niedriger Temperatur.
Bevor du diesen Hack anwendest, überprüfe bitte immer die Pflegehinweise der Spielzeuge.

Hack #30: Vernetze dich mit anderen Eltern

Baby-Alter: 0-12 Monate
Vorteile fürs Baby: Kontakt mit Gleichaltrigen
Vorteile für die Eltern: Austausch mit anderen Eltern

Es kann enorm hilfreich sein, sich mit anderen Eltern zu vernetzen. Eine Gemeinschaft unter Gleichgesinnten bietet nicht nur emotionale Unterstützung, sondern auch praktische Ratschläge und Erfahrungen, die dir in vielen Situationen weiterhelfen können. Der Austausch mit anderen Eltern ermöglicht es dir, festzustellen, dass du mit bestimmten Themen nicht allein bist und dass viele Eltern ähnliche Erfahrungen machen.

Hier sind einige Möglichkeiten, dich mit anderen Eltern zu vernetzen:

Online-Foren und Gruppen: Soziale Medien bieten zahlreiche Gruppen für Eltern, in denen du Fragen stellen, Erfahrungen teilen und Unterstützung erhalten kannst.
Lokale Elterngruppen: Suche nach lokalen Elterngruppen, sei es in deiner Nachbarschaft, in der Gemeinde oder in der Stadt. Diese Gruppen können regelmäßige Treffen organisieren, bei denen du andere Eltern persönlich kennenlernen kannst.
Eltern-Workshops und Kurse: Sie sind nicht nur informativ, sondern bieten auch die Gelegenheit, Gleichgesinnte zu treffen.
Kinderspielgruppen: Wenn dein Baby alt genug ist, schließe dich einer Spielgruppe an. Dies ist nicht nur eine großartige Möglichkeit für dein Kind, mit anderen zu interagieren, sondern ermöglicht auch dir den Austausch mit anderen.

Checkliste zum Alltag mit Baby

Bitte beachte, dass dies nur eine Auswahl von Möglichkeiten ist und auch nicht alle Optionen umgesetzt werden sollen und können.

18. Depriorisiere das Putzen
19. Nimm dein Kind mit ins Badezimmer
20. Nutze auch mal Trockenshampoo und Mützen
21. Nutze Lieferdienste
22. Besuche andere, anstatt Besuch zu empfangen
23. Bevorzuge auch mal Videoanrufe
24. Koche vor und friere Essen ein
25. Schlafe, wenn das Baby schläft
26. Orientiere dich am Rhythmus deines Babys
27. Räume nur ein Mal am Tag auf
28. Schaffe in jedem Raum ein Plätzchen für dein Baby
29. Reinige Spielzeug in der Spül- oder Waschmaschine
30. Vernetze dich mit anderen Eltern

03 | ELTERN-GESUNDHEIT
Wie du gut für dich sorgen kannst

Kümmere dich um dich und dein Kind – ansonsten musst du gar nichts!

Unbekannte Verfasserin

In diesem Kapitel möchte ich auf ein Thema eingehen, das häufig übersehen wird, aber von entscheidender Bedeutung ist: die psychische und seelische Gesundheit der Eltern.

Manchmal ist es so, dass Eltern so intensiv damit beschäftigt sind, sich um die Bedürfnisse ihres Babys zu kümmern, dass sie dabei ihre eigenen vernachlässigen. Aber es ist entscheidend zu verstehen, dass die Gesundheit der Eltern sich auch auf die Gesundheit des Babys auswirken kann. Deshalb ist es wichtig, dass sich beide Elternteile auch um ihre eigene Gesundheit kümmern.

Ich werde nachfolgend einige Möglichkeiten aufzeigen, wie Eltern ihre psychische Gesundheit fördern können. Denn nur wenn sie gesund und ausgeglichen sind, können sie die beste Fürsorge für ihr Baby bieten und die Momente der Elternschaft auch in vollen Zügen genießen.

Hack #31: Nimm dir nicht zu viel vor

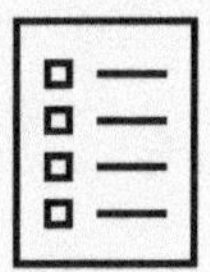

Baby-Alter: 0-3 Monate

Vorteile für die Eltern: Ausgeglichenheit, Ruhe, Familienzeit und Gelassenheit

Dieser Tipp ist wichtig – du solltest ihn dir wirklich zu Herzen nehmen: Nimm dir die Zeit alles entspannt angehen zu lassen und nimm dir nicht zu viel auf einmal vor. Denn weniger ist oft mehr. Es ist völlig in Ordnung, deinen Alltag so stressfrei wie möglich zu gestalten, insbesondere in den ersten Monaten mit einem Baby. Erlaube dir, flexibel zu sein und dich auf die Bedürfnisse deines Babys einzustellen.

Es ist hilfreich, nicht zu viel Druck auf sich selbst auszuüben, besonders was den Haushalt angeht. Der Staub kann mal liegenbleiben und die Spülmaschine kann auch warten. Deine Priorität sollte darauf liegen, Zeit mit deinem Baby zu verbringen, dich auszuruhen und dich selbst zu pflegen.

Hack #32: Plane tägliche Erholungspausen ein

Baby-Alter: 0-3 Monate

Vorteile für die Eltern: Ausgeglichenheit

Wir haben dieses Thema bereits bei Hack 25 *Schlafe, wenn das Baby schläft,* angesprochen. Regelmäßiger Schlafmangel kann auf Dauer die Energiereserven erheblich belasten. Besonders in Zeiten, in denen dein Baby besonders anspruchsvoll ist, ist es wichtig, auf die eigene körperliche und mentale Gesundheit zu achten. Es mag anfangs schwerfallen, sich selbst jeden Tag diese kleinen, bewussten Ruhephasen zu gönnen, aber sie sind essenziell, um den Alltag mit Baby im ersten Jahr gut bewältigen zu können und langfristig die eigene Gesundheit zu erhalten.

Wie immer, gilt auch hier: Die Dauer der Pause und die Art und Weise, wie du deine Erholungspause gestaltest, kannst nur du bestimmen. Höre tief in dich hinein und überlege, was dir gut tut und welche Zeitspanne für dich realistisch ist. Manchmal reicht schon eine Pause von fünf Minuten aus. Manche Eltern legen sich gerne auf die Couch und hören Musik und andere machen Yoga oder setzen sich auf den Hometrainer. Wie denkst du, könnte deine tägliche Erholungspause aussehen?

Hack #33: Hole dir Hilfe

Baby-Alter: 0-3 Monate
Vorteile für die Eltern: Ruhe und Entspannung

Um Stress zu minimieren, solltest du Hilfe von Freunden oder Familienmitgliedern in Anspruch nehmen, wenn sie verfügbar sind.

Gemeinschaft und Unterstützung sind in den ersten Monaten besonders wichtig. Denk daran, dass es in Ordnung ist, um Hilfe zu bitten, sei es bei den täglichen Aufgaben oder bei der Betreuung des Babys, um eine Pause und Zeit für dich allein zu bekommen.

Hack #34: Bewege dich an der frischen Luft

Baby-Alter: 0-3 Monate
Vorteile für die Eltern: Tapetenwechsel, neue Perspektiven, Energie

Wenn es mal stressig wird und das Baby partout nicht einschlafen möchte, wenn du dich in einem Tief befindest und dir die Decke auf den Kopf fällt: Geh raus! Die frische Luft tut dir und deinem Baby richtig gut. Bewegung macht nicht nur fit, sondern bringt auch gute Laune dank der ausgeschütteten Glückshormone. Manchmal brauchen wir einfach eine Veränderung der Kulisse und ein bisschen Bewegung, um wieder aufzutanken. Also, schnapp dir den Kinderwagen und ab nach draußen!

Hack #35: Atme tief ein und aus

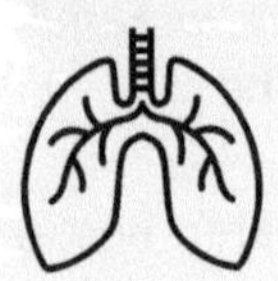

Baby-Alter: 0-3 Monate

Vorteile für die Eltern: Energie tanken

In Momenten, in denen das Quengeln des Babys überwältigend erscheint, ist es wichtig, einen klaren Kopf zu bewahren und die Sicherheit des Babys zu gewährleisten. In solchen Situationen bietet sich eine einfache, aber wirkungsvolle Strategie an: Leg das Baby sicher ab und verlasse eventuell kurz den Raum. Schließe die Augen und atme tief ein und aus, ganz langsam, zehnmal hintereinander. Diese kurze Auszeit ermöglicht es, die eigenen Emotionen zu regulieren und einen klaren Kopf zu bekommen.

Die bewusste Atemübung dient aber nicht nur der Selbstberuhigung, sondern schafft auch den Raum, um sich zu sammeln und wieder Energie zu tanken. Die tiefe Atmung hilft, den Stresspegel zu senken und die emotionale Belastung zu lindern. Dieser einfache, aber effektive Schritt kann den Unterschied zwischen Überforderung und einem klaren, ruhigen Umgang mit der Situation ausmachen.

Hack #36: Setze Kopfhörer auf

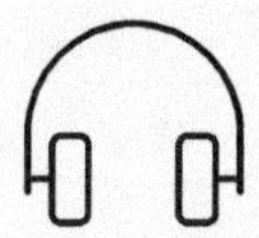

Baby-Alter: 0-3 Monate

Vorteile für die Eltern: eine kurze Verschnaufpause, Ruhe und Energie

Musik kann eine beruhigende Wirkung auf gestresste Eltern haben. Wenn du mal Ruhe und Zeit für dich brauchst, dann setz deine Kopfhörer auf, mach Musik an und konzentriere dich vollkommen auf die Töne und den Rhythmus. So kannst du das Baby nah bei dir halten, ohne dabei gestresst zu sein.

Der Alltag mit einem Baby kann manchmal monoton sein und dich nicht unbedingt intellektuell herausfordern. Hier können Kopfhörer auch eine Hilfe sein, zum Beispiel für ein spannendes Hörbuch während eines Spaziergangs mit dem schlafenden Baby. So wird selbst die ruhigste Zeit des Tages zu einer kleinen mentalen Auszeit für dich.

Hack #37: Wechselt euch nachts ab

Baby-Alter: 0-3 Monate

Vorteile für die Eltern: ausreichend Schlaf

Im ersten Babyjahr wünschen sich viele, den Partner oder die Partnerin rund um die Uhr an ihrer Seite zu haben. Diese Sehnsucht ist verständlich, jedoch möglicherweise nicht immer die optimale Lösung. Es könnte vorteilhaft sein, abwechselnd Kraft zu tanken, indem einer beim Baby bleibt und der andere in einem anderen Raum schläft. Wenn Geschwister da sind, können diese während der Betreuung des Babys bei dem Erwachsenen schlafen, der gerade nicht in der Pflege involviert ist.

Diese Herangehensweise ist sicherlich nicht für alle Familien die ideale Lösung, jedoch kann es sich lohnen, darüber nachzudenken. Zumindest vorübergehend kann dieses Modell dazu beitragen, dass beide Elternteile ausreichend Erholung finden und die Anforderungen der ersten Wochen mit einem Neugeborenen besser bewältigen. Es schafft Raum für individuelle Bedürfnisse und ermöglicht es, die Belastungen der Schlaflosigkeit effektiver zu verteilen. Eine offene Kommunikation und das Finden einer gemeinsamen Routine sind dabei entscheidend, um sicherzustellen, dass beide Eltern die notwendige Unterstützung erhalten und ihre Rolle als Eltern optimal ausfüllen können.

Hack #38: Mache einen Rückbildungskurs ohne Baby

Baby-Alter: 0-3 Monate
Vorteile für die Mutter: Fokus auf den eigenen Körper

Rückbildung ist zweifellos von großer Bedeutung, um langfristige gesundheitliche Probleme wie Inkontinenz und Rückenschmerzen zu vermeiden, sowie das Wohlbefinden insgesamt zu fördern. Zwar gibt es Rückbildungskurse, die gemeinsam mit dem Baby stattfinden, was besonders für Mütter mit wenig Unterstützung eine großartige Möglichkeit ist. Dennoch empfinden nicht alle Mütter diese Kurse als entspannend.

Die Idee, sich bei der Rückbildung auf sich selbst zu konzentrieren und ohne das Baby zu sein, bietet eine alternative Perspektive. In solchen Momenten können Mütter ihre Aufmerksamkeit vollkommen auf ihre eigene körperliche Regeneration richten, ohne Ablenkungen durch die Bedürfnisse des Babys. Dies ermöglicht eine tiefere Verbindung mit dem eigenen Körper und ein bewussteres Arbeiten an der Rückbildung.

Hack #39: Akzeptiere, dass andere Personen Dinge anders machen

Baby-Alter: 0-12 Monate

Vorteile für die Eltern: Harmonie, Positivität

Es ist bekannt, dass jeder seine eigenen Vorstellungen davon hat, wie bestimmte Aufgaben erledigt werden sollten – sei es beim Wickeln, Füttern oder Beruhigen. Doch wer sagt, dass der Stil anderer Personen zwangsläufig schlechter ist?

In einer Beziehung, zum Beispiel zum Partner, zur Schwiegermutter oder zur Freundin, ist es entscheidend, die Einzigartigkeit des anderen anzuerkennen und zu schätzen. Daher: Schone deine Nerven und pflege deine Beziehungen, gib anderen den Raum, die Dinge auf ihre Art zu tun. Damit förderst du nicht nur deren Autonomie, sondern stärkst auch eure Verbindung. Es ist eine Gelegenheit, voneinander zu lernen und andere Perspektiven und Herangehensweisen kennenzulernen.

In einer Beziehung geht es schließlich nicht darum, wer die Aufgaben besser erledigt, sondern darum, sich gegenseitig zu unterstützen und gemeinsam zu wachsen. Akzeptanz und Offenheit für die Verschiedenheiten tragen dazu bei, eine positive und liebevolle Atmosphäre zu schaffen, die das Fundament für eine dauerhafte Beziehung legt.

Hack #40: Frage nach und kommuniziere klar

Baby-Alter: 0-12 Monate

Vorteile für die Eltern: Konfliktbewältigung, Reduktion von Spannungen, Ausräumen von Missverständnissen

Es kracht immer wieder zwischen dir und deinen Mitmenschen? Dadurch kommt es zu dauerhaften Spannungen?

Oft hilft es, einfach nachzufragen und zu verstehen, warum Menschen sich so verhalten, wie sie es tun. In solchen Situationen ist das offene Gespräch oft der Schlüssel.

Indem du andere nach ihren Beweggründen fragst, schaffst du Raum für Verständnis und eine tiefere Einsicht in deren Perspektive. Vielleicht gibt es Gründe für das Handeln, die dir bisher nicht bekannt waren. Die Bereitschaft zuzuhören und die Motivation anderer zu verstehen, kann dazu beitragen, Konflikte zu minimieren und eine positive Veränderung herbeizuführen.

Hack #41: Lasse dich nicht verunsichern

!

Baby-Alter: 0-12 Monate

Vorteile für die Eltern: Selbstbewusstsein

Es ist wichtig, dass du dich stets daran erinnerst, dass du am besten weißt, was gut für dein Kind ist und was nicht. Oft begegnen wir Menschen, die unerwünschte Ratschläge geben, aber lass dich davon bitte nicht verunsichern. Vertraue auf dein Bauchgefühl und deine Instinkte. Wenn dir Sätze wie *Lass es doch mal schreien, du verwöhnst es* oder *Du musst ihm Wasser geben, es ist so heiß! Dein Kind verdurstet!* begegnen, erinnere dich daran, dass niemand dein Kind besser kennt als du.

Eine freundliche und bestimmte Antwort darauf könnte sein: *Vielen Dank, aber ich möchte meine eigenen Erfahrungen sammeln.*

Auch wenn andere Mütter dich in einen Wettbewerb verwickeln wollen mit Sätzen wie „Schläft dein Kind schon durch?" oder „Stillst du denn auch voll?", sei dir bewusst, dass jede Familie einzigartig ist. Bleibe selbstbewusst in deinen Entscheidungen und vertraue darauf, dass du das Beste für dein Kind tust.

Hack #42: Klebe ein Foto von deinem Baby an die Wand

Baby-Alter: 0-12 Monate

Vorteile für die Eltern: Kraft und Energie tanken durch Besinnen auf schöne Momente

In den stressigen Momenten der Elternschaft, wenn Müdigkeit und Anspannung an der Tagesordnung sind und das Baby scheinbar ununterbrochen quengelt, kann es herausfordernd sein, das Glück inmitten des Chaos zu erkennen. Eine raffinierte Mutter hat einen cleveren Trick gefunden: Drucke dein Lieblingsfoto von deinem Baby aus und betrachte es immer dann, wenn du angespannt, müde und erschöpft bist. Dieser einfache Akt kann eine erstaunliche Wirkung auf deine Stimmung und Kraftreserven haben.

Das Lieblingsfoto vom Baby fungiert als emotionale Rettungsleine, die dich daran erinnert, warum du all die Anstrengungen und Mühen der Elternschaft auf dich nimmst. Der Blick auf das Foto soll positive Gefühle hervorrufen und als visuelle Erinnerung an die kostbaren Augenblicke des Glücks, die mit der Elternschaft einhergehen, dienen.

Hack #43: Gib deinem Körper ein Jahr Zeit zur Regeneration

Baby-Alter: 0-12 Monate

Vorteile für die Mutter: kein zusätzlicher körperlicher und psychischer Stress durch Diäten

Du warst etwa neun Monate lang schwanger und es dauert etwa ebenso lange, bis sich dein Körper wieder annähernd zurückgebildet hat. Also mach dir im ersten Babyjahr bitte keinen allzu großen Druck wegen deines Körpergewichts. Nach einem Jahr kannst du immer noch den Kampf gegen die überflüssigen Kilos aufnehmen, aber bis dahin heiße sie doch einfach willkommen. Es gibt bereits genug Baustellen in deinem Kopf, da musst du dir nicht noch zusätzlichen Stress machen. Nimm dir Zeit, dich um dein Baby zu kümmern und dich an die neue Rolle als Mutter zu gewöhnen. Genieße die kostbaren Momente mit deinem Kind und sei stolz auf das, was dein Körper geleistet hat. Denn du bist mehr als genug und deine Priorität sollte sein, dich um dein Wohlbefinden zu kümmern, sowohl körperlich als auch seelisch.

Hack #44: Du musst gar nichts

Baby-Alter: 0-12 Monate

Vorteile für die Eltern: Kraft und Energie

Im ersten Babyjahr solltest du dich um dich und um dein Baby kümmern. Du hast weder die Verpflichtung zum PEKiP zu gehen noch zum Babyschwimmen oder zu anderen Kursen.

Ein wichtiger Tipp, wenn nicht einer der Wichtigsten, ist deshalb: Lass dich nicht von den Erwartungen anderer beeinflussen und mach nur das, was dir und deinem Baby guttut. Schlafe, geh spazieren oder lümmle auf dem Sofa herum – alles ist erlaubt.

Hack #45: Glaube nicht alles

Baby-Alter: 0-12 Monate

Vorteile für die Eltern: Zufriedenheit mit der eigenen Situation

Es gibt immer Eltern, die behaupten, dass bei ihnen alles perfekt ist: Das Baby schläft die ganze Nacht durch, schreit nie, und auch ansonsten gibt es keinerlei Probleme. Bitte pass auf und vertraue diesen Eltern nicht immer, denn: Perfektion existiert nicht.

Checkliste zur Eltern-Gesundheit

Bitte beachte, dass dies nur eine Auswahl von Möglichkeiten ist und auch nicht alle Optionen umgesetzt werden sollen und können.

31. Nimm dir nicht zu viel vor
32. Plane tägliche Erholungspausen ein
33. Hole dir Hilfe
34. Bewege dich an der frischen Luft
35. Atme tief ein und aus
36. Setze Kopfhörer auf
37. Wechselt euch nachts ab
38. Mache einen Rückbildungskurs ohne Baby
39. Akzeptiere, dass andere Personen Dinge anders machen
40. Frage nach und kommuniziere klar
41. Lasse dich nicht verunsichern
42. Klebe ein Foto von deinem Baby an die Wand
43. Gib deinem Körper ein Jahr Zeit zur Regeneration
44. Du musst gar nichts
45. Glaube nicht alles

04 | BABY-PFLEGE UND -GESUNDHEIT

Was beim Wickeln und Baden zu beachten ist und wie du mit Baby-Koliken umgehen kannst

„Genieße den Augenblick, denn der Augenblick ist dein Leben. “

Unbekannter Verfasser

Dieses Kapitel befasst sich mit wichtigen Aspekten der Baby-Pflege und -Gesundheit im ersten Babyjahr. Dazu gehören das Wickeln, das Baden und der Umgang mit Blähungen. Diese Aufgaben können für frischgebackene Eltern zunächst herausfordernd erscheinen, doch mit den richtigen Informationen, Tipps und Tricks können sie zu einer wertvollen Gelegenheit der Bindung zwischen Eltern und Kind werden. Das Wickeln ist dabei nicht nur eine hygienische Notwendigkeit, sondern auch eine intime Zeit des Engagements und der Fürsorge. Ich werde praktische Tipps aufzeigen, die Eltern helfen sollen, das Wickeln im Alltag zu erleichtern. Das Baden deines Babys ist eine weitere wichtige Aktivität, die nicht nur zur Reinigung, sondern auch zur Entspannung beiträgt. Ich werde darauf eingehen, wie das Badeerlebnis für dich und dein Kind sicher und angenehm sein kann.

Schließlich werde ich auf ein häufig auftretendes Problem bei Babys von null bis drei Monaten eingehen: Blähungen. Ich werde bewährte Methoden aufzeigen, anhand derer Eltern die Beschwerden ihres Babys lindern können, um sowohl das Wohlbefinden des Babys als auch die Ruhe der gesamten Familie zu fördern. Mit all den Hacks rund um die Pflege und die Gesundheit von Babys im ersten Babyjahr möchte ich Eltern ermutigen, mit Zuversicht und Freude die Herausforderungen der Baby-Pflege anzugehen und eine enge Bindung zu ihrem Kind aufzubauen.

Hack #46: Lege eine saubere Windel unter den Po

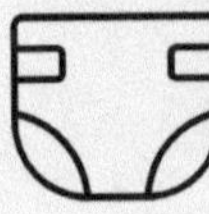

Baby-Alter: 0-3 Monate

Vorteile für die Eltern: Sauberkeit von Wickelkommode, Möbeln oder sonstigen Gegenständen

Beim Wickeln deines Babys ist es ratsam, als ersten Schritt stets eine frische Windel unter den Po zu legen, um eventuelle Missgeschicke zu verhindern. Diese Vorsichtsmaßnahme schützt nicht nur die Wickelkommode, den Boden oder sonstige Gegenstände vor Verschmutzungen, sollte sich dein Baby erneut entleeren, sondern erleichtert auch den Wechsel der Windel. Eine Alternative dazu besteht darin, ein Handtuch zu verwenden, das sich oft noch leichter reinigen lässt als die übliche Wickelauflage.

Hack #47: Halte die Beinchen nicht zu weit nach oben

Baby-Alter: 0-3 Monate

Vorteile für das Baby: die Milch bleibt im Magen

Vorteile für die Eltern: ein sauberes Baby und Wickelumfeld

Wenn du vorhast, dein Baby nach dem Füttern zu wickeln oder es sein muss, pass auf, dass du die Beinchen nicht zu weit nach oben hältst. Das kann schnell dazu führen, dass die Milch wieder aus dem Mund herausrinnt. Besser ist es, das Baby vorsichtig von einer Seite zur anderen zu drehen, wenn du es wickelst.

Hack #48: Halte ein Tuch parat

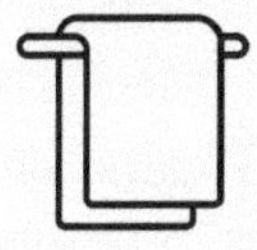

Baby-Alter: 0-3 Monate

Vorteile für das Baby: Urin wird vom Tuch aufgesaugt

Vorteile für die Eltern: ein sauberes Baby und Wickelumfeld

Insbesondere Eltern von Jungen können nachvollziehen, wie herausfordernd das Wickeln sein kann, wenn es darum geht, unerwünschte Pipi-Unfälle zu vermeiden. In den ersten Monaten sind Babys manchmal besonders geschickt darin, genau dann zu pinkeln, wenn die Windel geöffnet wird. Um diesen feuchten Überraschungen vorzubeugen, hat sich ein einfacher Trick bewährt:

Nachdem du die Windel geöffnet hast, lege ein Handtuch oder ein anderes trockenes Tuch über den Genitalbereich deines Kindes. Auf diese Weise wird das Tuch nass, während der Rest des Wickelbereichs und du selbst verschont bleiben.

Hack #49: Ziehe Stinke-Bodys nach unten aus

Baby-Alter: 0-3 Monate

Vorteile für das Baby: hygienisch sauberer Körper

Vorteile für die Eltern: ein sauberes Baby und Wickelumfeld

Wenn Bodys mit Druckköpfen im Schritt verschmutzt sind, ziehe sie, wenn möglich, nach unten aus und nicht über den Kopf. Das ist besonders praktisch, da der Babypopo meist kleiner ist als der Kopf. Diese Methode erleichtert nicht nur das An- und Ausziehen, sondern vermeidet auch, den Kopf deines Babys durch das schmutzige Kleidungsstück ziehen zu müssen.

Hack #50: Nutze wasserdichte Matratzenauflagen

Baby-Alter: 0-3 Monate

Vorteile für das Baby: hygienisch sauberer Körper

Vorteile für die Eltern: ein sauberes Baby und Wickelumfeld, Zeitersparnis

Diese Methode hilft dir, die Matratze, auf der dein Baby schläft, vor unerwarteten Missgeschicken zu schützen. Lege eine doppelte Schicht aus wasserdichter Matratzenauflage unter das Laken, um nächtliche Vorfälle mühelos zu bewältigen.

Beginne mit der wasserdichten Matratzenauflage als Basis, gefolgt von einem Laken. Wiederhole diesen Vorgang mit einer zweiten Schicht aus Matratzenauflage und Laken. Auf diese Weise schaffst du eine zusätzliche Barriere, die dein Babybett vor unerwarteten *Unfällen* schützt.

Wenn dein Baby in der Nacht eine Windelpanne hat oder beim Füttern spuckt, musst du nur die oberste Schicht entfernen und darunter ist alles frisch und einsatzbereit. Das spart nicht nur Zeit, sondern sorgt auch für einen ruhigeren Schlaf für dich und dein Baby.

Hack #51: Schaue dir Haut- und Speckfalten täglich an

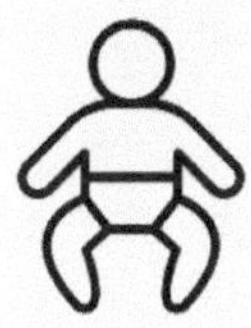

Baby-Alter: 0-3 Monate

Vorteile für das Baby: ein hygienisch sauberer Körper

Vorteile für die Eltern: Pilzen und Bakterien vorbeugen

Die zarten Speckröllchen eines Babys sind zweifellos entzückend und das tägliche Waschen oder Baden ist nicht nur eine Gelegenheit, diese kleinen Fältchen zu bewundern, sondern auch eine wichtige Maßnahme für die Pflege der empfindlichen Babyhaut. Bei diesem Ritual ist es von besonderer Bedeutung, auch die Haut- und Speckfalten genauer in den Blick zu nehmen, um mögliche wunde Stellen zu identifizieren. Unter den Hautfalten sei es unter dem Doppelkinn, hinter den Ohren oder an den kleinen Ärmchen und Beinchen können sich nämlich Schmutz und Milchreste ansammeln. Obwohl dies an sich keine gravierende Angelegenheit ist, kann es zu einem idealen Nährboden für Pilze und Bakterien werden. Daher ist es ratsam, bei der täglichen Pflege besonders darauf zu achten, diese Bereiche sorgfältig zu inspizieren und gegebenenfalls gründlich zu reinigen.

Hack #52: Lasse auch mal Luft an die Babyhaut

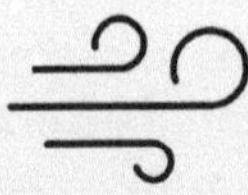

Baby-Alter: 0-3 Monate

Vorteile für das Baby: Einem wunden Po vorbeugen

Das feuchtwarme Klima in der Windel keine einen wunden Po begünstigen. Um dem vorzubeugen, kannst du das Baby ab und zu auch ohne Windel auf dem Wickeltisch oder auf der Krabbeldecke strampeln lassen. Vergiss dabei aber bitte nicht, eine saugfähige Unterlage darunterzulegen.

Hack #53: Bade dein Baby im Waschbecken

Baby-Alter: 0-3 Monate

Vorteile für das Baby: eine kurze Dauer des gesamten Badeprozesses

Vorteile für Eltern: Wasser-, Platz- und Zeitersparnis

Oftmals erweisen sich einfache Lösungen als die effektivsten. Das Baden im Waschbecken bietet eine natürliche und angenehme Höhe, die sich gut für die Babypflege eignet, ohne dass ein zusätzlicher Ständer für die Badewanne erforderlich ist. Dies schont den Rücken der Eltern. Zudem entfällt das Auskippen von Wasser, da das Waschbecken bereits einen Abfluss hat. Dies ist nicht nur praktisch, sondern reduziert auch den Wasserverbrauch. Im Vergleich zu einer Baby-Badewanne mit Gestell nimmt das Baden insgesamt weniger Platz in Anspruch und ist besonders in kleineren Badezimmern von Vorteil. Die spontane Möglichkeit, das Waschbecken zu nutzen, macht das Baden schnell und unkompliziert, ohne dass zusätzliche Vorbereitungen getroffen werden müssen. Solche kreativen Anpassungen im Alltag machen das Leben mit einem Neugeborenen oft leichter und angenehmer.

Hack #54: Nutze natürliche Pflegemittel

Baby-Alter: 0-6 Monate

Vorteile für das Baby: eine gesunde und geschmeidige Haut

Wenn es um die zarte Haut deines Babys geht, stellt sich nicht nur die Frage nach dem richtigen Badeort, sondern auch nach den geeigneten Pflegeprodukten. Oft wird angenommen, dass Schaumbäder und duftende Zusätze unabdingbar sind, doch gerade bei Neugeborenen ist weniger oft mehr. Viele handelsübliche Badezusätze können die empfindliche Haut austrocknen oder sogar allergische Reaktionen hervorrufen. Die optimale Lösung kann überraschend einfach sein: klares Wasser. Ja, schlichtes Wasser allein kann für die sanfte Reinigung ausreichen. Doch es geht noch einen Schritt weiter. Wenn die Haut besonders empfindlich oder gereizt ist, könnte eine Zugabe von Milch und Olivenöl oder Muttermilch in das Badewasser eine gute Lösung für dein Baby sein. Frag am besten bei deiner Hebamme, in der Kinderarztpraxis oder in der Apotheke nach. Dort gibt es Fachpersonal, das dich bestens berät!

Hack #55: Nutze ein Tuch für einen sicheren Halt

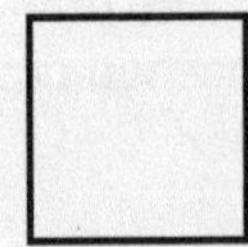

Baby-Alter: 0-12 Monate
Vorteile für das Baby: ein angenehmes Badeerlebnis
Vorteile für die Eltern: Sicherheit beim Baden

Wenn du dein Baby badest, ist es ratsam, ein Tuch auf den Grund der Wanne oder des Waschbeckens, unter das Kind zu legen, um einen sicheren und rutschfesten Halt zu gewährleisten. Diese einfache Maßnahme trägt dazu bei, dass dein Kind während des Badeerlebnisses nicht unbeabsichtigt im Waschbecken oder in der Wanne hin- und her rutscht. Das macht das Baden nicht nur sicherer, sondern auch für dich als Elternteil stressfreier. Du kannst dich entspannen und das gemeinsame Badeerlebnis genießen, ohne ständig besorgt darüber zu sein, dass dein Kind abrutscht.

Hack #56: Stelle einen Korb mit Löchern in die Badewanne

Baby-Alter: 6-12 Monate
Vorteile für das Baby: ein angenehmes Badeerlebnis
Vorteile für die Eltern: Sicherheit beim Baden

Eltern kleiner Wasserratten fragen sich oft, wie sie das Baden angenehm und sicher gestalten können, insbesondere wenn das Baby bereits sitzen kann. Das Problem, dass das Spielzeug ständig in der

Wanne herumtreibt und das Sitzen auf dem glatten Boden nicht immer einfach ist, kann jedoch durch einen einfachen Trick gelöst werden: Stelle einen Wäschekorb aus Plastik in die Badewanne. So schaffst du eine stabile und sichere Umgebung für dein Kind. Der Wäschekorb dient als Schutz und verhindert, dass das Spielzeug ständig davontreibt. Gleichzeitig bietet er deinem Kind eine bequeme Sitzmöglichkeit, die auf dem glatten Untergrund der Wanne Stabilität gewährleistet.

Hack #57: Wasche die Haare zum Schluss

Baby-Alter: 0-12 Monate

Vorteile für das Baby: Ein angenehmes Badeerlebnis

Wenn du dein Baby badest, ist es vorteilhaft, mit dem Haarewaschen bis zum Schluss zu warten. Der Kopf ist eine Stelle, über die Babys einen Großteil ihrer Körperwärme verlieren. Indem du das Haarewaschen auf den letzten Teil des Badevorgangs legst, stellst du sicher, dass dein Baby bis zum Ende des Bades angenehm warm bleibt. Diese einfache Maßnahme hilft, die Körpertemperatur des Babys zu regulieren und sorgt für ein behagliches Badeerlebnis.

Hack #58: Hilf beim Bäuerchen machen

Baby-Alter: 0-3 Monate

Vorteile für das Baby: Bauchschmerzen vorbeugen

Das Bäuerchen nach einer Mahlzeit gehört häufig dazu. Das Aufstoßen verhindert, dass sich zu viel Luft im Magen deines Babys sammelt, was zu Unruhe und Blähungen führen könnte. Doch nicht immer fällt es einem Baby leicht, ein Bäuerchen zu machen. Du kannst die natürliche Bewegung von Luftblasen nutzen, um deinem Kind zu helfen. Halte es zuerst aufrecht. Dann neige es leicht mit dem Oberkörper zur Seite, damit die Luft nach oben steigen kann. Halte es kurz in einer waagerechten Position. Hebe dann das Baby über deine Schulter, um das Aufstoßen von Luft zu fördern. Dieser kleine Kniff hilft, den Luftausstoß zu erleichtern und kann besonders hilfreich sein, wenn dein Baby dazu neigt, Luft zu schlucken.

Hack #59: Mache Babygymnastik bei Koliken

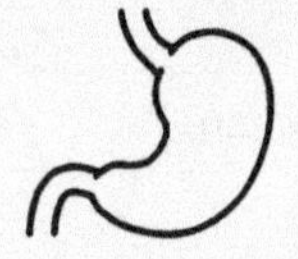

Baby-Alter: 0-3 Monate

Vorteile für das Baby: Bauchschmerzen vorbeugen

Die berüchtigten 3-Monats-Koliken sind vielen Eltern ein Begriff. Auch wenn nicht alle Probleme von Babys zwangsläufig auf Bauchschmerzen zurückzuführen sind, können Blähungen für Babys äußerst unangenehm sein. Schnelle Hilfe ist gefragt! In solchen Momenten erweisen sich die Kombination aus Babygymnastik, Bauchmassage und dem Fliegergriff als wahre Wohltat. Es lohnt sich, diese sanften Methoden zu erlernen, um deinem Baby auf natürliche Weise Erleichterung zu verschaffen.

Die Babygymnastik bietet eine spielerische Möglichkeit, Blähungen zu reduzieren und Gase auf eine angenehme Weise zu lösen. Lege dein Baby dafür auf den Rücken, zum Beispiel auf dem Wickeltisch oder auf dem Boden. Dann führe die Kniekehlen des Babys langsam und behutsam zu seinem Bauch. Du kannst diese Übung öfters wiederholen – aber bitte sei immer vorsichtig und beobachte die Reaktion deines Kindes! Oftmals entweicht auch beim ersten Mal schon Luft aus dem Darm. Diese einfache Übung kann dazu beitragen, Gasansammlungen im Darm zu lösen und dem Baby Linderung zu verschaffen.

Hack #60: Mache Babybauchmassagen bei Koliken

Baby-Alter: 0-3 Monate

Vorteile für das Baby: Bauchschmerzen vorbeugen

Begleitet von liebevollen Berührungen und sanften Bewegungen kann eine Babymassage die Verdauung fördern und zugleich eine entspannende Wirkung auf das Baby haben.

Für eine Babybauchmassage lege dein Baby auf den Rücken und streiche sanft mit zwei bis drei Fingern im Uhrzeigersinn um den Bauchnabel herum. Du kannst auch kreisende Bewegungen machen. Achte dabei auf Zeichen von Unbehagen und passe den Druck entsprechend an. Eine solche Massage kann Verdauungsbeschwerden lindern und das Baby beruhigen.

Um diese Technik sicher und effektiv anzuwenden, ist es ratsam, sich von einer qualifizierten Hebamme zeigen zu lassen, wie sie durchgeführt wird. Alternativ kannst du auch auf detaillierte Anleitungen zurückgreifen, um die richtigen Handgriffe und Bewegungen zu erlernen. Im Internet findest du zahlreiche Videos dazu.

Hack #61: Nutze den Fliegergriff bei Koliken

Baby-Alter: 0-3 Monate
Vorteile für das Baby: weniger Bauchschmerzen
Vorteile für die Eltern: ein ausgeglichenes Baby

Der Fliegergriff, bei dem das Baby mit dem Bauch auf dem Unterarm und mit dem Kopf in Richtung Ellbogen des Tragenden liegt und durch sanfte Unterstützung gehalten wird, ist eine weitere Methode, um Druck im Bauchraum zu entlasten. Diese Position kann die Verdauung fördern und Bauchbeschwerden lindern. Sie ermöglicht auch eine enge Bindung zwischen Eltern und Baby sowie eine entspannende Interaktion, die das Wohlbefinden des Babys fördert. Mit dem Baby im Fliegergriff kannst du herumlaufen, sprechen oder singen, was das Gefühl von Geborgenheit verstärkt und gleichzeitig die emotionale Entwicklung des Babys unterstützt. Dabei ist es wichtig, darauf zu achten, dass das Baby angenehm und sicher gehalten wird.

Zahlreiche Bilder zum Fliegergriff findest du, wenn du im Internet nach *Fliegergriff Baby* suchst.

Hack #62: Lege das Baby auch mal auf den Bauch

Baby-Alter: 0-6 Monate

Vorteile für das Baby: Stärkung der Nackenmuskulatur

Es ist wichtig, Babys nicht ausschließlich in der Rückenlage zu belassen, um potenzielle Kopfverformungen zu verhindern, die sich möglicherweise nicht von selbst korrigieren. Zusätzlich dazu müssen Babys ihre Nackenmuskulatur stärken, auch wenn dabei das ein oder andere Meckern nicht ausbleibt. Es lohnt sich also, das Baby gelegentlich behutsam auf den Bauch zu drehen – ein einfacher Schritt, der viele Vorteile für die Entwicklung deines Kindes mit sich bringt. Die Bauchlage sollte stets unter Aufsicht erfolgen, um die entsprechende Sicherheit zu gewährleisten.

Hack #63: Lege ein Spucktuch unter den Babykopf

Baby-Alter: 0-6 Monate

Vorteile für die Eltern: Zeitersparnis

Wenn dein Baby schläft, egal ob im Bett, im Kinderwagen oder sonst wo, lege ein gefaltetes Spucktuch unter seinen Kopf, um eventuelle

Spuck-Unfälle aufzufangen.
So musst du nur das Tuch waschen, wenn etwas daneben geht und nicht den gesamten Matratzenüberzug.

Hack #64: Schneide die Fingernägel beim Schlafen

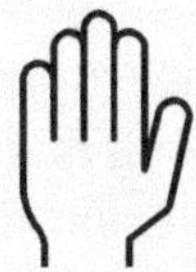

Baby-Alter: 0-3 Monate

Vorteile für das Baby: geringes Verletzungsrisiko

Vorteile für die Eltern: stressfrei Nägel schneiden, Zeitersparnis

Die ersten Male, wenn es darum geht, die winzigen Fingernägel deines Babys zu schneiden, können durchaus mit Unsicherheit verbunden sein. Die Finger sind klein, die Schere wirkt groß und Babys neigen dazu, während des Schneidens nicht stillzuhalten. Eine bewährte Methode, diesem Prozess zu begegnen, besteht darin, die Nägel zu schneiden, während das Baby schläft.

Die drei Vorteile dieser Methode liegen auf der Hand:

- Schlafende Babys sind in der Regel ruhiger, was das Schneiden der Nägel erleichtert, ohne dass sie sich bewegen oder ihre Hände zurückziehen.
- Die Gefahr, dass du versehentlich in die zarten Fingerchen schneidest, ist reduziert, wenn das Baby schläft und die Hände ruhig liegen.
- Da Babys während des Schlafens weniger empfindlich auf Berührungen reagieren, wird das Schneiden der Nägel zu einer stressfreieren Erfahrung für Eltern und Baby.

Hack #65: Trage Sonnencreme mit Pinsel/Schwamm auf

Baby-Alter: 0-3 Monate

Vorteile für die Eltern: stressfreies Auftragen von Sonnencreme, Zeitersparnis

Benutze einen Schminkpinsel oder Schwamm, um deinen Kindern Sonnencreme aufzutragen. Ein Schminkpinsel eignet sich besonders gut für präzises Auftragen im Gesicht. Ein Schwamm ist perfekt, um die Sonnencreme großflächig auf Armen, Beinen und dem restlichen Körper gleichmäßig zu verteilen.

Mit dieser Methode kannst du sicherstellen, dass deine Hände sauber bleiben. Dabei ist es wichtig, dass der Pinsel oder Schwamm sauber ist, um mögliche Hautirritationen zu vermeiden. Achte darauf, dass die verwendete Sonnencreme den spezifischen Bedürfnissen und dem Hauttyp deines Kindes entspricht.

Checkliste zur Baby-Pflege und -Gesundheit

Bitte beachte, dass dies nur eine Auswahl von Möglichkeiten ist und auch nicht alle Optionen umgesetzt werden sollen und können.

46. Lege eine saubere Windel unter den Po
47. Halte die Beinchen nicht zu weit nach oben
48. Halte ein Tuch parat
49. Ziehe Stinke-Bodys nach unten aus
50. Nutze wasserdichte Matratzenauflagen
51. Schaue dir Haut- und Speckfalten täglich an
52. Lasse auch mal Luft an die Babyhaut
53. Bade dein Baby im Waschbecken
54. Nutze natürliche Pflegemittel
55. Nutze ein Tuch für einen sicheren Halt
56. Stelle einen Korb mit Löchern in die Badewanne
57. Wasche die Haare zum Schluss
58. Hilf beim Bäuerchen machen
59. Mache Babygmnastik bei Koliken
60. Mache Bauchmassagen bei Koliken
61. Nutze den Fliegergriff bei Koliken
62. Lege das Baby auch mal auf den Bauch
63. Lege ein Spucktuch unter den Babykopf
64. Schneide die Fingernägel beim Schlafen
65. Trage Sonnencreme mit Pinsel/Schwamm auf

05 | BABY-SCHLAF
Wie eine erholsame Nachtruhe gelingen kann

Die Zeit, die Kinder in unserem Armen, an Mamas Brust und in unserem Bett verbringen, ist ein vergleichsweise kurzer Teil ihres Lebens, doch die Erinnerung an unsere Liebe und Verfügbarkeit – auch in der Nacht – werden sie ein Leben lang begleiten.

*Dr. William Sears, Kinderarzt (*1939)*

Der Babyschlaf stellt viele Eltern im ersten Babyjahr vor große Herausforderungen. Schlaf, ein einst vertrauter Begleiter, wird plötzlich zu einem kostbaren Gut, das in unvorhersehbaren Schüben kommt und geht. Für viele Eltern wird das nächtliche Wachsein zu einer emotionalen Achterbahnfahrt, die von Erschöpfung, Unsicherheit und manchmal sogar Verzweiflung geprägt ist.

Die Ankunft eines Babys bringt eine Fülle von Veränderungen mit sich, aber keine ist wahrscheinlich so tiefgreifend wie die Veränderung im Schlafverhalten – oder besser gesagt, im Mangel daran. Die unruhigen Nächte, die scheinbar endlosen Stunden des Fütterns oder Beruhigens und die ständige Frage, ob das Baby jemals durchschlafen wird, können selbst Menschen mit einer stark ausgeprägten Resilienz an ihre Grenzen bringen.

Für viele Eltern ist der Babyschlaf ein Rätsel, das sie verzweifelt zu lösen versuchen. Sie lesen Bücher, suchen im Internet nach Ratschlägen und fragen Freunde und Familie um Rat. Doch trotz aller Bemühungen bleibt der Schlaf des Babys oft unberechenbar.
In diesem Kapitel werde ich bewährte Strategien zur Förderung eines

gesunden Schlafverhaltens vorstellen und praktische Tipps fürs Einschlafen und Durchschlafen anbieten. Denn auch wenn der Weg zum erholsamen Schlaf manchmal steinig ist, so gibt es doch Ansätze, die es wert sind, entdeckt und ausprobiert zu werden. Aber das Wichtigste ist und bleibt, sich immer wieder ins Gedächtnis zu rufen: Es ist nur eine Phase, die auch wieder vorbeigeht!

Warum werden Babys nachts oft wach?

Zunächst einmal ist es wichtig zu wissen, dass der Schlaf-Wach-Rhythmus eines Neugeborenen noch nicht vollständig ausgereift ist. In den ersten Wochen nach der Geburt haben Babys noch keinen festen Tag-Nacht-Rhythmus entwickelt und ihr Schlaf ist stark von Hunger und anderen Bedürfnissen wie Windelwechsel und Unbehagen beeinflusst. Dies führt dazu, dass sie häufiger aufwachen.

Des Weiteren durchlaufen Babys verschiedene Entwicklungsphasen, die ihren Schlaf beeinflussen können. Wachstumsschübe, motorische Meilensteine wie das Drehen oder Krabbeln lernen, sowie das Durchbrechen der Zähne können zu Unruhe und nächtlichem Aufwachen führen. Diese Phasen sind normal und vorübergehend, aber sie können den Schlafzyklus des Babys stören.

Die Umgebung spielt ebenfalls eine Rolle. Babys haben einen leichten Schlaf und können durch Geräusche, Licht und Temperaturschwankungen leicht gestört werden. Selbst kleinste Unterbrechungen können dazu führen, dass sie aufwachen und Schwierigkeiten haben, wieder einzuschlafen.

Schließlich kann auch die Art und Weise, wie das Baby beruhigt wird, seinen Schlaf beeinflussen. Einige Babys benötigen möglicherweise mehr körperliche Nähe, während andere besser allein schlafen. Eltern lernen die Bedürfnisse ihres Babys mit der Zeit kennen und können entsprechend reagieren.

Insgesamt ist es wichtig zu verstehen, dass nächtliches Aufwachen bei

Babys normal ist und verschiedene Ursachen haben kann. Durch ein liebevolles und einfühlsames Eingehen auf die Bedürfnisse des Babys können Eltern dazu beitragen, eine positive Schlafumgebung zu schaffen und ihrem Baby dabei helfen, gesunde Schlafgewohnheiten zu entwickeln.

Wenn dein Baby nachts unruhig ist und viel weint, kannst du dir die Hacks im Kapitel 6 „Das Baby beruhigen“ durchlesen. Vielleicht findest du dort die ein oder andere Inspiration, wie dein Kind nachts (wieder) besser zur Ruhe kommen kann.

Hack #66: Schenke Geborgenheit durch Pucken

Baby-Alter: 0-3 Monate

Vorteile für das Baby: leichter einschlafen und besser durchschlafen

Vorteile für die Eltern: eine erholsamere Nachtruhe

Ausstattung: ein atmungsaktives Tuch, z.B. 80 x 80 cm

Es mag Glückssache sein, ein Baby zu haben, das von Natur aus ruhig ist und problemlos in den Schlaf findet. Wahrscheinlicher ist jedoch, dass dein Baby eine gewisse Zeit benötigt, um sich in dieser neuen Umgebung zurechtzufinden. Schließlich kannte es bisher nur den sicheren Bereich im Bauch der Mama. Sogenannte *Anpassungsschwierigkeiten* können auftreten.

Hier bietet korrektes Pucken eine Möglichkeit, deinem Baby die Sicherheit zu geben, die es aus dem Mutterleib gewohnt ist. Erfahrene Hebammen sind mit dieser Technik vertraut und können wertvolle Anleitung bieten.

Pucken bedeutet, das Baby fest in eine Decke oder ein Tuch zu wickeln, wodurch seine Bewegungen eingeschränkt werden. Dies simuliert das enge Gefühl im Mutterbauch und vermittelt dem Neugeborenen Geborgenheit. Es beruhigt nicht nur, sondern fördert auch einen tieferen Schlaf. Das Verfahren erfordert etwas Fingerspitzengefühl, deshalb ist es ratsam, sich von erfahrenem Fachpersonal beraten zu lassen. Hebammen, die mit den Feinheiten des Puckens vertraut sind, können die richtige Technik vermitteln, um die Sicherheit und den Komfort deines Babys zu gewährleisten. Wenn deine Nachsorge bereits abschlossen ist, und du in der nächsten Zeit keine Hebamme triffst, kannst du dir auch Videos zum korrekten Pucken im Internet anschauen.

Hack #67: Verwende Tuch oder Mütze als Schlafsignal

Baby-Alter: 0-3 Monate

Vorteile für das Baby: Abschottung von visuellen und auditiven Reizen

Ausstattung: Tuch oder Mütze

Wenn dein Baby Schwierigkeiten hat einzuschlafen, weil es von der Umgebung zu sehr abgelenkt ist, kannst du versuchen, ein Tuch sanft über seine Augen zu legen. Oft neigen Babys dann dazu, die Augen zu schließen und in den Schlaf zu finden. Das kann besonders nützlich sein, wenn es viele visuelle Reize für dein Baby gibt, die das Einschlafen erschweren. Anstelle des Tuches kannst du auch eine leichte, atmungsaktive Mütze verwenden. Damit verhinderst du, dass das Baby sich das Tuch aus Versehen über Mund und Nase zieht und es hat außerdem den Vorteil, dass auch die Ohren bedeckt sind und das Baby von Geräuschen abgeschottet ist.

Hack #68: Nutze weißes Rauschen zum Einschlafen

Baby-Alter: 0-3 Monate

Vorteile für das Baby: schnelleres Einschlafen

Ausstattung: Smartphone, Föhn, Staubsauger

Eine bewährte Methode zur Beruhigung und Unterstützung des Einschlafens ist für einige Eltern das sogenannte weiße Rauschen. Vielleicht hast du schon davon gehört. Es handelt sich um ein kontinuierliches Geräusch, das dem Klang von Regen oder Meeresrauschen ähnelt und Babys an die beruhigenden Geräusche im Mutterleib erinnert. Diese akustische Kulisse fördert eine ruhigere Schlafumgebung, die das Baby beim Einschlafen unterstützt.

Eltern, die keinen Föhn oder Staubsauger nutzen möchten, schon allein, um die Nerven der Nachbarn zu schonen, können praktische Alternativen nutzen: Audio-Dateien mit weißem Rauschen können nämlich einfach und schnell online angehört oder heruntergeladen werden.

Hack #69: Probiere auch nachts die Bauchlage aus

Baby-Alter: 0-3 Monate
Vorteile fürs Baby: Linderung von Bauchschmerzen

Obwohl die nächtliche Bauchlage für Babys nicht als ideale Schlafposition gilt, gibt es Situationen, in denen dies die einzige Möglichkeit sein kann, dass das Baby einigermaßen ruhig schläft, zum Beispiel bei Blähungen oder Bauchschmerzen. Jedes Baby ist einzigartig, und manche fühlen sich auch einfach wohler oder finden leichter in den Schlaf, wenn sie auf dem Bauch liegen.

Es ist entscheidend zu betonen, dass dies nur eine vorübergehende Lösung sein sollte und unter bestimmten Voraussetzungen akzeptabel ist. Wenn die nächtliche Bauchlage für dein Baby die einzige Möglichkeit ist, ausreichend Schlaf zu finden, ist es ratsam, diese Entscheidung in Absprache mit einem Kinderarzt oder einer Kinderärztin zu treffen. Die Sicherheit des Babys steht dabei immer an erster Stelle. Wenn die Bauchlage als Schlafposition gewählt wird, ist es besonders wichtig, dass du als Elternteil in unmittelbarer Nähe bist, vorzugsweise im gleichen Zimmer.

Hack #70: Führe Schlafrituale ein

Baby-Alter: 0-12 Monate

Vorteile fürs Baby: schnelleres Einschlafen

Schlafrituale können deinem Baby helfen zu erkennen, dass es Zeit ist, zur Ruhe zu kommen. Ein sanftes Wiegen, leise Musik, zum Beispiel von einer Spieluhr, oder das Vorlesen eines kurzen Gute-Nacht-Buches können als Rituale dienen und den Übergang in den Schlaf erleichtern. Diese Rituale schaffen eine vertraute und entspannte Umgebung, die dazu beiträgt, dass dein Baby zur Ruhe kommt und besser einschläft. Wichtig: Die Kontinuität ist dabei entscheidend, damit dein Baby das Schlafritual mit dem Schlaf verknüpft und sich darauf einstellt. Du solltest das Ritual also nicht nur wenige Tage ausprobieren, sondern mindestens drei Wochen lang täglich durchführen.

Hack #71: Achte auf eine optimale Schlafumgebung

Baby-Alter: 0-12 Monate

Vorteile für das Baby: das Gefühl von Geborgenheit

Vorteile für die Eltern: eine angenehmere Nachtruhe

Ausstattung: Verdunkelungs- und Lärmschutzvorhänge, Salzlampe, Raumthermometer

Achte darauf, dass die Schlafumgebung deines Babys optimal gestaltet ist. Der Raum sollte weder zu warm noch zu kalt sein. Eine angenehme Raumtemperatur zwischen 18 und 21 Grad Celsius wird empfohlen. Verwende leichte Vorhänge, um den Raum zu verdunkeln und minimiere Geräusche, um eine ruhige Atmosphäre zu schaffen. Ein Nachtlicht mit gedämpftem Licht, wie zum Beispiel eine Salzlampe, kann eine beruhigende Wirkung haben und Ängste vor der Dunkelheit mildern.

Hack #72: Nimm das Stillkissen als Umrandung

Baby-Alter: 0-12 Monate

Vorteile für das Baby: Geborgenheit und Sicherheit

Vorteile für die Eltern: eine angenehme Nachtruhe

Wenn du ein Stillkissen hast, dann probiere es als Umrandung für den Kopf- und Oberkörperbereich deines Babys aus. Das Stillkissen schafft eine Art Begrenzung, ähnlich wie im Mutterleib, was vielen Babys gut gefällt. Achte jedoch darauf, immer etwas Platz zwischen Baby und Kissen zu lassen, damit dein Baby gut atmen kann.

Hack #73: Nutze einen Baby-Schlafsack

Baby-Alter: 0-6 Monate

Vorteile für das Baby: Sicherheit im Schlaf

Vorteile für die Eltern: eine angenehme Nachtruhe

Verwende lieber einen Schlafsack anstelle von Decken, um die Sicherheit deines Babys im Schlaf zu gewährleisten. Schlafsäcke bieten nicht nur eine kuschelige Umgebung, sondern verhindern auch, dass sich Babys die Decke über das Gesicht ziehen. Dies reduziert das Risiko von Erstickung oder Überhitzung erheblich. Achte darauf, dass der Schlafsack an die Jahreszeit und die Raumtemperatur angepasst ist. Es gibt verschiedene Modelle mit unterschiedlichen Wärmegraden. Ein gut passender Schlafsack gibt deinem Baby die Freiheit, sich zu bewegen, während es gleichzeitig vor Kälte geschützt ist.

Hack #74: Sorge für passende Luftfeuchtigkeit

Baby-Alter: 0-12 Monate

Vorteile für das Baby: befeuchtete Schleimhäute, geringere Anfälligkeit für Schnupfen und Husten

Vorteile für die Eltern: ein besserer Schlaf

Ausstattung: Hygrometer, ggf. Luftbefeuchter oder Luftentfeuchter

Sorge im Schlafzimmer für eine Luftfeuchtigkeit von 40 bis 60 %. Denn eine zu geringe Luftfeuchtigkeit von unter 40 % kann ein Gesundheitsrisiko darstellen: die Atemwege, Nasenschleimhäute und die Augen deines Babys können durch die Trockenheit belastet werden. In einer trockenen Luft verbleiben außerdem Pollen und Allergene viel länger in der Schwebe und sie ist viel stärker mit Viren belastet.

Um die Luftfeuchtigkeit in deinem Zimmer zu erhöhen, gibt es mehrere Möglichkeiten: Du kannst einen Luftbefeuchter anschaffen oder auch einfach ein Glas Wasser aufstellen und es regelmäßig austauschen. Manche Eltern hängen auch feuchte Tücher entweder auf den Heizkörper oder an eine andere Stelle im Schlafzimmer. Diese unterschiedlichen Methoden tragen dazu bei, ein angenehmeres Raumklima zu schaffen, besonders in den trockenen Wintermonaten. Vergiss nicht, vor dem Schlafengehen ausreichend zu lüften, um frische Luft zuzulassen und das Raumklima weiter zu verbessern. Diese Maßnahme hilft nicht nur dabei, Husten und Schnupfen vorzubeugen, sondern unterstützt die Schleimhäute nachweislich.

Sollte die Luftfeuchtigkeit im Schlafzimmer über 60 % liegen, achte auf richtiges Lüften und Heizen des Raumes. Wenn die Luftfeuchtigkeit dauerhaft bei über 70 % liegt, solltest du über die Anschaffung eines Luftentfeuchters nachdenken.

Hack #75: Wähle entwicklungsgerechte und passende Schlafkleidung

Baby-Alter: 0-12 Monate

Vorteile für das Baby: ein ruhiger Schlaf

Vorteile für die Eltern: entspanntere Nächte

Die Auswahl der richtigen Schlafkleidung ist entscheidend für das Wohlbefinden deines Babys. Achte darauf, atmungsaktive und leichte Stoffe zu wählen, die zur Raumtemperatur passen. Babys neigen dazu, schnell zu überhitzen, wenn sie dick eingepackt sind. Beobachte die Temperatur im Schlafzimmer und kleide dein Baby entsprechend. Dabei ist es wichtig herauszufinden, was dein Baby mag und was nicht. Schlafanzüge mit Füßen können eine gute Wahl sein, da sie Bewegungsfreiheit bieten und gleichzeitig für Wärme sorgen. Manche Babys bevorzugen allerdings klar Strampler ohne Füße. In der Praxis hat sich herausgestellt, dass Babys, die Strampler ohne Füße bevorzugen und diese auch bekommen, plötzlich viel besser schlafen. Probiere aus, was für dein Baby am besten passt. Denn jedes Baby ist anders und für die richtige Schlafkleidung gibt es kein Patentrezept.

Hack #76: Achte auf die passende Bodygröße

Baby-Alter: 0-6 Monate
Vorteile für das Baby: ruhigerer Schlaf
Vorteile für die Eltern: weniger Windelunfälle
Ausstattung: Bodyverlängerung

Wenn es regelmäßig dazu kommt, dass die Windeln nachts auslaufen, liegt die Ursache häufig nicht an den Windeln selbst, sondern am Body deines Babys.

Ein im unteren Bereich zu eng sitzender Body kann dazu führen, dass sich die Windel nicht optimal entfalten kann, was wiederum zu Leckagen führt. Wenn du nicht sofort größere Bodys kaufen möchtest, kannst du auf Bodyerweiterungen, die auch Bodyverlängerungen genannt werden, zurückgreifen.

Die Bodyerweiterung ermöglicht nicht nur eine bequemere Passform im Windelbereich, sondern schafft auch mehr Raum für die Windel, um sich vollständig auszubreiten und somit eine bessere Absorption zu gewährleisten. Dieser einfache, aber effektive Trick kann dazu beitragen, nächtliche Unannehmlichkeiten durch auslaufende Windeln zu minimieren. So trägst du dazu bei, einen ruhigeren Schlaf für dein Baby und weniger Stress für dich als Elternteil zu gewährleisten.

Hack #77: Nutze nachts eine Salzlampe

Baby-Alter: 0-3 Monate

Vorteile für das Baby: ruhigerer Schlaf

Vorteile für die Eltern: erholsame Nachtruhe

Ausstattung: Salzlampe

Für nächtliches Pflegen und Füttern könnte die Verwendung einer Salzlampe eine wunderbare Lösung sein. Salzlampen emittieren ein sanftes, warmes Licht, das nicht nur eine beruhigende Atmosphäre schafft, sondern auch ausreichende Helligkeit bietet, um die nächtliche Pflege und das Füttern zu erleichtern.

Hack #78: Wickle nachts im Bett

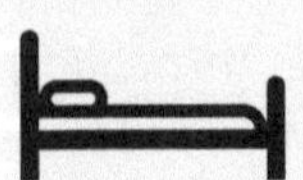

Baby-Alter: 0-3 Monate

Vorteile fürs Baby: ein erholsamer Schlaf

Ausstattung: Windeln, Feuchttücher, Salzlampe, ggf. Wickelunterlage

Vielleicht kennst du die Situation: Die Windel ist voll, es ist mitten in der Nacht, und dein Baby benötigt eine frische Windel. Doch wenn du es jetzt aus dem Bett nimmst und auf den Wickeltisch legst, besteht die Gefahr, dass es vollständig aufwacht. Es stellt sich die Frage, wie du nachts die Windel wechseln kannst, ohne das Baby dabei zu sehr zu stören. Die Lösung liegt darin, zu lernen, wie du diesen Prozess im Halbschlaf und bei gedämpftem Licht direkt im Bett durchführen

kannst.
Es erfordert anfangs ein wenig Übung, aber mit der Zeit kann es für dich zur Routine werden. Der Schlüssel liegt in der Vorbereitung. Stelle sicher, dass du alle notwendigen Wickelutensilien in greifbarer Nähe hast, zum Beispiel auf deinem Nachttisch. Verwende möglichst sanftes Licht, um den Schlaf möglichst wenig zu stören.

Die Kunst besteht darin, ruhig und behutsam vorzugehen, damit das Baby möglichst im Halbschlaf bleibt. Nach einigen Wochen wirst du feststellen, dass du diese nächtlichen Wickelaktionen im Bett mit einer Leichtigkeit durchführst, die am Anfang vielleicht undenkbar erschien. Es ist eine Fertigkeit, die nicht nur den Schlaf deines Babys, sondern auch deinen eigenen verbessert.

Hack #79: Wickle nachts nur, wenn es sein muss

Baby-Alter: 0-3 Monate

Vorteile für das Baby: ruhigerer Schlaf, verlängerte Schlafphase

Vorteile für die Eltern: erholsamere Nachtruhe

Schlaf hat Priorität! Das gilt für Eltern und Baby gleichermaßen. Deshalb überlege dir gut, ob du dein Baby nachts auch unbedingt wickeln musst. Wenn es einen wunden Po hat, dann sollte das Baby auf jeden Fall gewickelt werden. Ansonsten gilt die Devise: Das Baby nicht aufwecken und nur wickeln, wenn es unbedingt sein muss.

Hack #80: Lasse dein Baby dort, wo es eingeschlafen ist

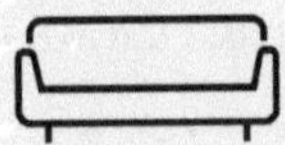

Baby-Alter: 0-3 Monate

Vorteile für das Baby: ein erholsamer Schlaf ohne Störung

Wenn dein Baby im Auto, auf dem Sofa, im Kinderwagen oder an einem anderen Ort friedlich in den Schlaf gefunden hat, lass es, wenn möglich genau an diesem gemütlichen Ort. Die Wahrscheinlichkeit, dass es aufwacht, wenn du versuchst, es ins Bett zu legen, ist recht hoch. Babys können besonders empfindlich gegenüber Veränderungen der Schlafumgebung sein und der Wechsel von einem bequemen Ort zu einem anderen kann sie leicht aufwecken.

Hack #81: Finde den richtigen Zeitpunkt für das Ablegen

Baby-Alter: 0-3 Monate

Vorteile für das Baby: ein erholsamer Schlaf mit wenig Störung

Wenn dein Baby auf deinem Arm friedlich eingeschlafen ist, ist es wichtig, den richtigen Zeitpunkt für das Ablegen zu wählen. Viele Eltern warten instinktiv etwa 10 bis 15 Minuten, bevor sie versuchen, das Baby behutsam abzulegen. Dabei ist es wichtig, den Übergang zwischen dem Arm und der Schlafumgebung so sanft wie möglich zu gestalten. Idealerweise befindet sich dein Baby bereits in der Tiefschlafphase, sodass es nicht gleich wieder aufwacht. Es ist gut zu wissen, dass Babys im Vergleich zu Erwachsenen mehr Zeit im Leichtschlaf verbringen, wodurch sie empfindlicher auf Veränderungen reagieren. Beachte, dass es vor allem Geduld und Aufmerksamkeit erfordert, die individuellen Bedürfnisse deines Babys zu verstehen und den richtigen Zeitpunkt für das Ablegen zu finden.

Hack #82: Lege ein getragenes T-Shirt ins Babybett

Baby-Alter: 0-3 Monate
Vorteile für das Baby: ein erholsamer Schlaf
Ausstattung: ein getragenes T-Shirt

Das Szenario ist bekannt: Das Baby ist auf dem Arm eingeschlafen, aber nach einer halben Stunde beginnt es, die Umgebung mit halb geöffneten Augen zu erkunden. Es liegt nun in seinem Bettchen, ohne den schützenden Arm und vor allem ohne den vertrauten Duft der Mutter. Ein Grund, warum der Schlaf abrupt enden könnte und eine verpasste Gelegenheit, die für beide Seiten erholsam sein könnte. Die gute Nachricht ist, dass es eine einfache Lösung gibt: Ein getragenes T-Shirt der Mama kann den Übergang in das Babybett erleichtern und dabei helfen, dass das Baby friedlich schläft. Der vertraute Geruch des getragenen Shirts vermittelt dem Baby ein Gefühl von Sicherheit und Geborgenheit, selbst wenn es allein im Bettchen liegt. Der Geruch der Eltern wird zu einer beruhigenden Präsenz, die dem Baby hilft, in den

Tiefschlaf zurückzufinden. Dieser einfache Trick ermöglicht es nicht nur dem Baby, länger und ruhiger zu schlafen, sondern gibt auch den Eltern die Möglichkeit, ihre wohlverdiente Auszeit während des Mittagsschlafs des Babys zu genießen.

Es ist wichtig zu beachten, dass die Verwendung von getragenen Kleidungsstücken im Kinderbettchen sicher sein sollte. Das Kleidungsstück sollte frei von Schnüren und losen Teilen sein und sicher platziert werden, um ein Risiko für das Baby zu vermeiden.

Checkliste zum Baby-Schlaf

Bitte beachte, dass dies nur eine Auswahl von Möglichkeiten ist und auch nicht alle Optionen umgesetzt werden sollen und können.

66. Schenke Geborgenheit durch Pucken
67. Verwende Tuch oder Mütze als Schlafsignal
68. Nutze weißes Rauschen zum Einschlafen
69. Probiere auch nachts die Bauchlage aus
70. Führe Schlafrituale ein
71. Achte auf eine optimale Schlafumgebung
72. Nimm das Stillkissen als Umrandung
73. Nutze einen Baby-Schlafsack
74. Sorge für die passende Luftfeuchtigkeit
75. Wähle entwicklungsgerechte und passende Schlafkleidung
76. Achte auf die passende Bodygröße
77. Nutze nachts eine Salzlampe
78. Wickle nachts im Bett
79. Wickle nachts nur, wenn es sein muss
80. Lasse dein Baby dort, wo es eingeschlafen ist
81. Finde den richtigen Zeitpunkt für das Ablegen
82. Lege ein getragenes T-Shirt ins Babybett

06 | DEIN BABY BERUHIGEN
Wie dein Baby ruhiger werden kann

Die Entscheidung ein Kind zu haben, ist von großer Tragweite. Denn man beschließt für alle Zeit, dass das Herz außerhalb des Körpers herumläuft.

Elisabeth Stone, Pädagogin (1918 - 2002)

Warum weinen Babys?

Babys weinen aus verschiedenen Gründen: Hunger, Müdigkeit, Unwohlsein, Langeweile oder dem Bedürfnis nach Nähe und Trost. Manchmal ist jedoch nicht sofort ersichtlich, warum ein Baby weint, da es seine Bedürfnisse nicht verbal ausdrücken kann. Dies kann für Eltern frustrierend sein, aber es ist wichtig zu verstehen, das Weinen die einzige Möglichkeit für Babys ist, auf ihre Bedürfnisse aufmerksam zu machen. Eltern sollten geduldig sein und verschiedene Methoden ausprobieren, um herauszufinden, was ihr Baby braucht. Häufig sind es körperliche oder emotionale Bedürfnisse, die zum Schreien der Babys führen. Zu den körperlichen Gründen zählen unter anderem Müdigkeit, Schmerzen oder nasse Windeln. Mit emotionalen Gründen sind unter anderem fehlender Körperkontakt, fremde Personen oder eine fremde Umgebung gemeint. Häufig kann auch Überreizung, zum Beispiel beim Einkaufen, eine Rolle spielen.

Was ist, wenn ich den Grund nicht finde, weshalb mein Baby weint?

Sei beruhigt, manchmal gibt es keine offensichtlichen Ursachen, warum ein Baby weint. In diesem Kapitel zeige ich dir verschiedene Wege auf, wie du dein Baby beruhigen kannst, auch wenn du keine offensichtlichen körperlichen oder emotionalen Anlässe siehst. Die Palette der nachfolgend vorgestellten Möglichkeiten reicht von sanften Berührungen bis hin zu beruhigenden Geräuschen, die dir helfen können, um dein Baby in verschiedenen Situationen zu trösten. Immer wichtig zu beachten ist, dass jedes Baby einzigartig ist und was für eines funktioniert, muss für ein anderes nicht unbedingt geeignet sein. Wenn du unsicher bist, frag bei deiner Hebamme oder in deiner Kinderarztpraxis nach.

Am besten gehst du die unterschiedlichen Optionen durch und überlegst, welche Methoden für dich und dein Baby passen könnten. Manche sind sehr einfach und schnell umzusetzen, wie zum Beispiel *Kuscheln*, manche wirken erst über einen längeren Zeitraum hinweg, wie zum Beispiel *Homöopathie*. Lass dich darauf ein, die Bedürfnisse deines Babys besser zu verstehen, und somit auch deine Bindung zu ihm zu stärken.

Es ist wichtig zu betonen, dass es für Eltern von Schreibabys Unterstützung gibt. Schreiambulanzen stehen zur Verfügung, um in dieser anspruchsvollen Zeit Hilfe und Anleitung anzubieten. Das Bewusstsein für solche Ressourcen und die Bereitschaft, Unterstützung anzunehmen, sind entscheidende Schritte auf dem Weg zu einer gesunden Bewältigung von stressigen Phasen in der Elternschaft.

Hack #83: Kuscheln, kuscheln, kuscheln!

Baby-Alter: 0-3 Monate
Vorteile fürs Baby: Sicherheit und Geborgenheit

Die körperliche Nähe, die Wärme und der vertraute Geruch der Eltern erfüllen die grundlegenden Bedürfnisse von Babys nach Sicherheit, Geborgenheit und Trost. Das Baby lernt, dass es gehört und geliebt wird. Kuscheln und körperliche Nähe stärken außerdem die Bindung zwischen Eltern und Baby und fördern ein gesundes Vertrauen der Kinder in die Welt um sie herum. Darüber hinaus tragen sie dazu bei, dass Babys sich schneller beruhigen. Der Stresspegel sinkt und die emotionale Regulation des Kindes wird unterstützt.

Hack #84: Streichle von der Stirn zur Nasenspitze

Baby-Alter: 0-3 Monate
Vorteile fürs Baby: Entspannung

Ein einfacher Tipp, wenn dein Baby einfach nicht zur Ruhe kommen möchte: Streiche sanft mit dem Finger von der Stirn zur Nasenspitze. Wiederhole diese sanfte Bewegung in einer Dauerschleife. In vielen Fällen schließen sich die Äuglein nach etwa ein bis zwei Minuten und dein Baby findet in einen ruhigen Schlaf. Es ist erstaunlich, dass solche sanften Berührungen eine beruhigende Wirkung auf Babys haben können und ihnen helfen können, sich zu entspannen. Manche Eltern integrieren dieses Ritual in ihre abendliche Routine, um das Einschlafen für ihr Baby angenehmer zu gestalten. Probiere es aus, vielleicht hilft es auch deinem Baby, um zur Ruhe zu finden.

Hack #85: Lege deine Hand auf den Oberkörper des Babys

Baby-Alter: 0-3 Monate
Vorteile für das Baby: emotionale Sicherheit, Geborgenheit

Der Haut-zu-Haut-Kontakt ist seit langem bekannt für seine beruhigende Wirkung auf Babys. Wenn die Eltern ihre Hand auf den Oberkörper ihres Babys legen, senden sie nicht nur physische Wärme, sondern auch emotionale Sicherheit aus.

Studien zeigen, dass der Hautkontakt zwischen Eltern und Babys die Freisetzung von Oxytocin, auch bekannt als *Kuschelhormon*, stimuliert, was zu einer tieferen Bindung und einem Gefühl der Ruhe führt. Die Berührung kann auch dazu beitragen, den Herzschlag und die Atmung des Babys zu regulieren, was ihm hilft, sich zu entspannen.

Hack #86: Rede deinem Baby leise zu

Baby-Alter: 0-3 Monate
Vorteile für das Baby: Sicherheit und Geborgenheit

Zahlreiche Studien belegen, dass Babys bereits im Mutterleib die Stimmen ihrer Eltern erkennen können und nach der Geburt auf vertraute Stimmen reagieren. Daher kann das leise Zureden eine natürliche und wirkungsvolle Methode sein, um die emotionale Regulation des Babys zu unterstützen. Langsame und leise gesprochene Worte der Eltern können dem Baby signalisieren, dass es verstanden und geliebt wird, was dazu beitragen kann, seine Stressreaktionen zu reduzieren. Während des Zuredens können Eltern auch sanfte Berührungen oder Streicheleinheiten einbeziehen, um die positive Wirkung zu verstärken.

Hack #87: Halte Ärmchen und Beinchen fest

Baby-Alter: 0-3 Monate
Vorteile für das Baby: Ruhe, Nähe und Sicherheit

Das Halten der Ärmchen und Beinchen eines weinenden Babys kann eine einfache Methode sein, um es zu beruhigen und ihm Sicherheit zu geben. Diese Berührung vermittelt dem Baby das Gefühl von Nähe und Sicherheit, was ihm hilft, sich zu entspannen und sein Weinen zu lindern. Darüber hinaus kann es eine Möglichkeit sein, dem Baby dabei zu helfen, seine eigenen Körperfunktionen zu regulieren. Oft strampeln Babys beim Weinen nämlich heftig. Die sanften Druckpunkte, die durch das Halten entstehen, können den Herzschlag und die Atmung des Babys beruhigen und dem Baby helfen, wieder zur Ruhe zu kommen.

Hack #88: Wiege das Baby in deinem Arm

Baby-Alter: 0-3 Monate
Vorteile für das Baby: Sicherheit und Geborgenheit

Das Wiegen eines Babys in den Armen eines Elternteils ist eine zeitlose und wirkungsvolle Methode, um es zu beruhigen. Während das Baby sanft hin und her gewogen wird, wird nicht nur eine physische Nähe hergestellt, sondern auch das Gleichgewichts- und Bewegungsorgan des Babys stimuliert. Diese sanfte rhythmische Bewegung kann äußerst beruhigend auf dein Kind wirken und ihm ein Gefühl von Sicherheit und Geborgenheit vermitteln.

Die Bewegung beim Wiegen erinnert das Baby an die Wärme und Geborgenheit im Mutterleib. Das Baby fühlt sich durch die vertraute Bewegung getröstet und beruhigt, was dazu beiträgt, seinen Stress zu reduzieren und es in einen ruhigen Zustand zu versetzen.

Hack #89: Singe deinem Baby vor

Baby-Alter: 0-3 Monate

Vorteile für das Baby: Beruhigung und Entspannung

Singen hat eine erstaunlich beruhigende Wirkung und es erfordert weder besondere Fähigkeiten noch eine außergewöhnliche Stimme. Das melodische Muster des Gesangs, verbunden mit der sanften Vibration deiner Stimme, hat eine natürliche Fähigkeit, Babys zu trösten. Du kannst dein Lieblingslied, eine beruhigende Melodie oder sogar einfach spontan etwas singen. Es geht nicht darum, perfekt zu sein, sondern darum, eine Verbindung durch Klang und Rhythmus herzustellen. Singe langsam und beruhigend, während du dein Baby hältst oder neben seinem Bettchen stehst.

Diese einfache Handlung kann nicht nur dazu beitragen, Unruhe zu lindern, sondern auch eine positive Assoziation zwischen dem Klang deiner Stimme und dem Trost für dein Baby schaffen. Solltest du ungern singen, kann auch schon dein Summen helfen.

Hack #90: Gib deinem Baby etwas zum Saugen

Baby-Alter: 0-3 Monate

Vorteile für das Baby: Entspannung und Zufriedenheit

Das Saugen ist ein angeborener Reflex bei Neugeborenen, der nicht nur dazu dient, die Nahrungsaufnahme zu erleichtern, sondern auch als beruhigende Methode fungiert. Wenn ein Baby an seinen Fingern oder einem Schnuller saugt, werden Endorphine freigesetzt, die ein Gefühl der Entspannung und Zufriedenheit hervorrufen.

Ein Schnuller kann eine Möglichkeit für dein Baby bieten, sein Saugbedürfnis zu befriedigen. Viele Babys nehmen den Schnuller gerne an, da er eine ähnliche Form und Textur wie die Brustwarze hat. Durch das Saugen am Schnuller können Babys Trost finden und sich beruhigen, insbesondere in Momenten von Unruhe oder Stress. Wenn dein Baby seinen Schnuller immer wieder ausspuckt, kannst du unterschiedliche Größen und Formen ausprobieren. Oft haben Babys besondere Vorlieben.

Hack #91: Nutze Trage und Sitzball in Kombination

Baby-Alter: 0-3 Monate

Vorteile für das Baby: Ruhe und Entspannung

Vorteile für Mamas: Gymnastik, Rückbildung, Entspannung

Ausstattung: Baby-Trage und Sitzball

Wenn dein Baby unruhig ist und das klassische Wiegen auf dem Arm langsam anstrengend wird, gibt es eine effektive Lösung: die Kombination aus Trage und Sitzball. Dieses Duo schafft nicht nur Geborgenheit für dein Baby, sondern ermöglicht es dir auch, länger durchzuhalten, ganz ohne Ermüdungserscheinungen.

Die Trage schafft eine warme, umhüllende Umgebung, die viele Babys beruhigt und ihnen das Gefühl von Sicherheit vermittelt. Doch das eigentliche Geheimnis liegt in der Ergänzung mit dem Sitzball. Durch leichtes Auf- und Abwippen auf dem Sitzball kannst du eine sanfte, rhythmische Bewegung erzeugen, die das Baby zusätzlich beruhigt.
Die Vorteile reichen jedoch über die beruhigende Wirkung für das Baby hinaus. Indem du dich auf dem Sitzball bewegst, tust du auch etwas Gutes für deinen eigenen Körper. Die leichte Gymnastik stärkt nicht nur deinen Beckenboden, sondern wirkt sich auch positiv auf Bauch, Beine und Po aus. So wird die Zeit, die du mit dem beruhigten Baby in der Trage verbringst, zu einer Win-Win-Situation für euch beide: Dein Baby schläft friedlich, während du deine körperliche Fitness verbesserst. Ein perfektes Duo für entspannte und gesunde Momente.

Bitte achte darauf, dass du auf dem Sitzball nur leicht auf und ab wippst, um deinem Baby nicht zu schaden.

Hack #92: Schaffe eine Babyhängematte an

Baby-Alter: 0-6 Monate
Vorteile für das Baby: Sicherheit und Geborgenheit
Ausstattung: Babyhängematte

Eine Babyhängematte kann eine wunderbare Ergänzung für Eltern sein, die nach einer sanften und natürlichen Möglichkeit suchen, ihr Baby zu beruhigen. In einer solchen Hängematte liegt das Baby sicher und geborgen, während es sich durch die sanften Bewegungen der Hängematte oft selbst beruhigen kann. Die leichten Schaukelbewegungen erinnern das Baby an die beruhigenden Bewegungen im Mutterleib und können es in einen ruhigen und entspannten Zustand versetzen.

Hack #93: Nutze Homöopathie

Baby-Alter: 0-3 Monate
Vorteile für das Baby: Beruhigung

Die Natur kann eine wertvolle Ressource sein, um dein Baby zu beruhigen. Viele Eltern setzen auf homöopathische Arzneimittel, häufig in Form von Globuli. Es ist jedoch wichtig zu betonen, dass solche Mittel nur nach vorheriger Absprache mit dem Kinderarzt/der Kinderärztin, einem Apotheker/einer Apothekerin oder einer Hebamme angewendet werden sollten. Bei Babys, die viel weinen, können sich bestimmte homöopathische Mittel wie Chamomilla, Colocynthis, Lycopodium oder Nux vomica als hilfreich erweisen.

Hack #94: Vermeide Überreizung

Baby-Alter: 0-3 Monate

Vorteile für das Baby: Ruhe und Entspannung

Dein Baby sollte nicht zu vielen Reizen ausgesetzt werden. Schließlich hat es schon genug damit zu tun, mit sich selbst zurechtzukommen. Versuche dich in die Lage deines Babys zu versetzen: Stell dir vor, du bist außer dir und fühlst, als würde alles schiefgehen. Dann wirst du zuerst geschaukelt, später gestreichelt, anschließend wird der Fernseher angemacht oder dir werden Spieluhren vor die Nase gehalten. Würde dich das beruhigen? Wahrscheinlich eher nicht. Also lautet die Devise: Weniger kann manchmal mehr sein. Sowohl die Ruhe der Umgebung als auch der Eltern kann auf das Baby übergehen und ihm helfen, selbst ruhiger zu werden. Also bitte übertreibe es nicht!

Hack #95: Versuche immer ruhig zu bleiben

Baby-Alter: 0-3 Monate
Vorteile für das Baby: Geborgenheit und Sicherheit

Der Beruhigungstipp Nr. 1 lautet: Bewahre Ruhe. Das ist die bedeutendste und herausforderndste Aufgabe. Denn als Mensch verfügst auch du nicht über übernatürliche Kräfte. Beim Beruhigen des Babys selbst gelassen zu bleiben, ist nicht immer leicht. Daher ist es ratsam, sich stets bewusst eine Minute Zeit zu nehmen, um herunterzukommen. Tiefes Ein- und Ausatmen kann helfen. Bei Bedarf kannst du dein Baby sicher ablegen und den Raum kurz verlassen. Nachdem du neue Energie getankt hast, kannst du dich wieder deinem Baby widmen.

Hack #96: Merke dir: jede Phase geht vorbei!

Baby-Alter: 0-12 Monate
Vorteile für die Eltern: Zuversicht, Optimismus und Gelassenheit

In der aufregenden Reise durch das erste Babyjahr können Nerven zweifellos auf eine harte Probe gestellt werden. Insbesondere während der Entwicklungssprünge können viele Babys aus dem gewohnten Rhythmus geraten. In solchen Momenten ist es von unschätzbarem Wert, sich mit einem beruhigenden Mantra vor der möglichen Verzweiflung zu schützen. Die Erkenntnis, dass es sich um eine vorübergehende Phase handelt, kann dazu beitragen, Ruhe zu bewahren und mit Gelassenheit durch schwierige Zeiten zu gehen.

Das Mantra *Es ist eine Phase, es geht vorbei!* erinnert daran, dass die momentanen Herausforderungen zeitlich begrenzt sind und dass auch die intensivsten Phasen plötzlich vorübergehen können. Dieses Bewusstsein gibt Kraft und Zuversicht, wenn die Erschöpfung zu dominieren droht.

Checkliste zum Beruhigen deines Babys

Bitte beachte, dass dies nur eine Auswahl von Möglichkeiten ist und auch nicht alle Optionen umgesetzt werden sollen und können.

83. Kuscheln, kuscheln, kuscheln!
84. Streichle von der Stirn zur Nasenspitze
85. Lege deine Hand auf den Oberkörper des Babys
86. Rede deinem Baby leise zu
87. Halte Ärmchen und Beinchen fest
88. Wiege das Baby in deinem Arm
89. Singe deinem Baby vor
90. Gib deinem Baby etwas zum Saugen
91. Nutze Trage und Sitzball in Kombination
92. Schaffe eine Babyhängematte an
93. Nutze Homöopathie
94. Vermeide Überreizung
95. Versuche immer ruhig zu bleiben
96. Merke dir: jede Phase geht vorbei!

07 | BABY-SICHERHEIT ZU HAUSE
Wie du dein Zuhause vor Gefahren fürs Baby absicherst

Siehe ich bin mit dir und will dich behüten, wohin du auch ziehst.

Moses 28, 15 a

Das Zuhause sollte ein Ort sein, an dem sich Eltern und Babys sicher fühlen. Doch gerade im ersten Lebensjahr ist es wichtig, sich bewusst zu machen, dass bestimmte Bereiche und Gegenstände potenzielle Gefahrenquellen darstellen.

In diesem Kapitel werde ich Hacks präsentieren, die dir helfen sollen, die häufigsten Sicherheitsrisiken für Babys wie Sturz-, Vergiftungs- und Einklemmungsgefahr zu minimieren und aufzeigen, wie du dein Zuhause babygerecht gestalten kannst.

Mein Ziel ist es, Eltern das Vertrauen zu geben, dass sie Risiken erkennen und angemessen reagieren. Außerdem möchte ich dazu ermutigen, proaktiv zu sein und präventive Maßnahmen zu ergreifen, um Unfälle zu verhindern und ein grundsätzlich sicheres Umfeld für das Baby zu schaffen.

Hack #97: Halte beim Wickeln Blickkontakt

Baby-Alter: 3-12 Monate

Vorteile für das Baby: Sicherheit auf dem Wickeltisch

Stürze vom Wickeltisch oder vom Sofa gehören zu den häufigsten Unfällen im ersten Lebensjahr. Deshalb ist die volle Aufmerksamkeit auf das Baby während des Wickelns entscheidend. Indem du permanenten Blickkontakt aufrechterhältst, kannst du rechtzeitig reagieren, falls das Baby versucht, sich zu drehen oder zu bewegen. Dies verhindert nicht nur ein mögliches Herunterfallen, sondern fördert auch eure emotionale Verbundenheit.

Der Blickkontakt fungiert als eine einfache, aber wirkungsvolle Sicherheitsmaßnahme, die sicherstellt, dass du stets über die Bewegungen und Bedürfnisse deines Babys informiert bist.

Hack #98: Mache Krabbelschuhe rutschfest

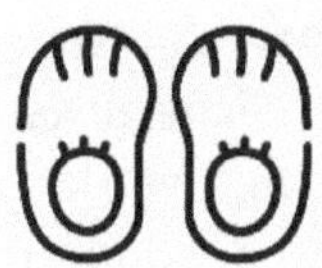

Baby-Alter: 3-12 Monate

Vorteile für das Baby: Ausrutschen vorbeugen

Wenn Krabbelschuhe nicht mehr die gewünschte Rutschfestigkeit aufweisen, gibt es einen einfachen Trick: Du kannst die Sohlen leicht mit

Schmirgelpapier aufrauen.

Dieser Handgriff sorgt dafür, dass die Schuhsohlen wieder griffiger werden und dein Kind sicherer krabbeln und seine ersten Schritte machen kann. Das Aufrauen der Sohlen ist besonders hilfreich, wenn die Schuhe im Laufe der Zeit durch das Tragen und Waschen ihre ursprüngliche Rutschfestigkeit verloren haben.

Achte darauf, das Schmirgelpapier mit Bedacht zu verwenden, um die Sohlen nicht zu stark zu beschädigen.

Hack #99: Befestige Möbel an der Wand

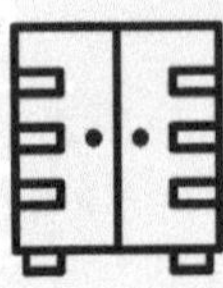

Baby-Alter: 6-12 Monate

Vorteile für das Baby: Vorbeugen von Verletzungen im Haushalt durch umfallende Möbel

Das Fixieren von Möbeln an der Wand ist besonders wichtig, da neugierige Kinder oft versuchen, sich an Möbeln hochzuziehen. Durch das Anbringen von Sicherungen verhinderst du potenzielle Unfälle, die durch das Umfallen von schweren Gegenständen entstehen könnten. Umsetzbar ist dies, indem du spezielle Wandanker oder Sicherungsgurte verwendest, die an der Rückseite der Möbel befestigt werden. Dies schafft nicht nur eine sichere Umgebung für das Kind, sondern bietet auch den Eltern die Gewissheit, dass ihre Einrichtung stabil und kindersicher ist.

Hack #100: Entferne kleine Teile

Baby-Alter: 6-12 Monate

Vorteile für das Baby: Erstickungsgefahr reduzieren

Lass dein Baby niemals unbeaufsichtigt spielen, insbesondere wenn es mit Gegenständen oder Spielzeugen spielt, die verschluckt werden könnten. Vermeide am besten Spielzeug mit kleinen Teilen grundsätzlich oder entferne sie, wenn dein Baby damit spielt.

Wichtig ist, dass du die Umgebung deines Babys regelmäßig auf potenzielle Erstickungsgefahren wie Kleinteile, Plastiktüten oder andere Gegenstände, die leicht verschluckt werden könnten, überprüfst. Dies ist von besonderer Bedeutung, wenn ältere Geschwisterkinder im Haushalt leben.

Informiere dich außerdem über Erste-Hilfe-Maßnahmen beim Verschlucken. So fühlst du dich sicherer im Umgang mit einer solchen Situation. Ein Erste-Hilfe-Kurs kann sehr hilfreich sein, um Wissen über lebensrettende Maßnahmen zu erlangen oder aufzufrischen. Im Notfall kann schnelle Hilfe entscheidend sein. Kinderarztpraxen und Vereine bieten oft spezielle Erste-Hilfe-Kurse für Eltern kleiner Kinder an.

Hack #101: Nutze Steckdosensicherungen

Baby-Alter: 6-12 Monate

Vorteile für das Baby: Stromschlägen vorbeugen

Verwende Steckdosensicherungen oder -abdeckungen, um zu verhindern, dass dein Baby in die Steckdosen greift und einen Stromschlag erleidet. Stelle sicher, dass alle Steckdosen, die sich in Reichweite deines Babys befinden, gesichert sind. Dies ist eine einfache, aber äußerst wichtige Maßnahme, um die Sicherheit deines Babys zu gewährleisten und Unfälle zu vermeiden.

Hack #102: Entferne giftige Pflanzen

Baby-Alter: 6-12 Monate und älter

Vorteile für das Baby: Vorbeugen von Vergiftungen

Identifiziere zunächst alle potenziell giftigen Pflanzen an Orten, an denen sich dein Baby aufhält. Denke neben den Wohn- und Schlafräumen auch an den Balkon und den Garten. Anschließend entferne sie, wenn möglich, oder verlagere sie an Orte, die für dein Baby unzugänglich sind, wie höhere Regale oder andere Räume. Es ist wichtig, sich der Giftigkeit von bestimmten Pflanzen bewusst zu sein, da Babys oft dazu neigen, Dinge in den Mund zu nehmen. Falls Pflanzen wie z. B. im

Garten nicht entfernt werden können, achte darauf, dass dein Baby die Pflanzen nicht berührt.

Hack #103: Verstaue Reinigungsmittel und Medikamente

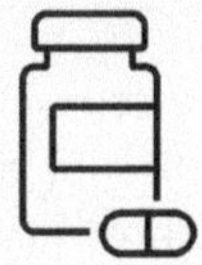

Baby-Alter: 6-12 Monate

Vorteile für das Baby: Vergiftungen vorbeugen

Gewährleiste die Sicherheit deines Babys, indem du Schränke mit Reinigungs- und Haushaltsprodukten sicher verschließt oder diese Produkte außerhalb der Reichweite deines Babys aufbewahrst. Diese Maßnahmen minimieren das Risiko von Vergiftungen und schaffen eine geschützte Umgebung für Kinder.

Praktisch umsetzbar ist dies durch den Einsatz von kindersicheren Verschlüssen oder Schrankriegeln. Diese verhindern, dass neugierige Hände gefährliche Substanzen erreichen. Alternativ platziere die Produkte außerhalb der Reichweite deines Babys, zum Beispiel in höheren Regalen oder in Schränken.

Hack #104: Verwende Türstopper

Baby-Alter: 6-12 Monate
Vorteile für das Baby: Einklemmen vorbeugen

Besonders in Räumen, in denen Türen regelmäßig geöffnet und geschlossen werden, wie im Kinderzimmer oder Spielbereich, können Türstopper eine sinnvolle Lösung sein. Sie dienen dazu, plötzliches Zuschlagen von Türen und damit zusammenhängende Verletzungen zu verhindern und bieten zugleich ausreichend Raum, um das Einklemmen von kleinen Fingern zu minimieren.

Das Anbringen der Türstopper erfolgt unkompliziert am Türrahmen oder am Boden. Diese kleinen Vorrichtungen sind unauffällig und leicht zu installieren und gewährleisten einen effektiven Schutz vor unerwarteten Türbewegungen. Dieser Hack ist besonders empfehlenswert, wenn das Baby Geschwister hat, die aufgrund ihres jungen Alters nicht immer an potenzielle Gefahren denken.

Hack #105: Nutze Magnetschlösser

Baby-Alter: 6-12 Monate
Vorteile für das Baby: Verletzungen vorbeugen

Sobald Babys Schranktüren und Schubladen öffnen können, sollten Eltern noch mal genau schauen, welche potenziellen Gefahrenquellen es im eigenen zu Hause gibt. Dabei ist es besonders wichtig sicherzustellen, dass das Baby nicht an gefährliche Utensilien wie zum Beispiel Besteck, Messer, Scheren, Gegenständen aus Glas etc. hinkommt. Obwohl Schubladensicherungen hierbei eine effektive Lösung bieten, stellt sich oft das Problem von hartnäckigen Kleberesten, die sich nach Entfernen der Sicherungen kaum beseitigen lassen.

Eine clevere Alternative sind magnetische Kindersicherungen. Im Gegensatz zu herkömmlichen Schubladensicherungen benötigen sie keine äußeren Klebestreifen, die später lästige Rückstände hinterlassen können.

Hack #106: Sichere das Kinderzimmer mit einem Gitter

Baby-Alter: 6-12 Monate

Vorteile für das Baby: einen sicheren Spielbereich schaffen

Ein Kinderschutzgitter ist nicht nur eine hervorragende Maßnahme, um vor Treppenunfällen zu schützen, sondern es bietet auch eine großartige Möglichkeit, die Kinderzimmertür zu sichern. Wenn im Kinderzimmer zusätzlich ein bequemer Sessel oder eine Matratze vorhanden ist, haben Eltern sogar manchmal auch die Möglichkeit, sich für ein paar Minuten hinzulegen. Das Kinderschutzgitter ermöglicht dabei, dass das Kind im Zimmer sicher spielen kann, während Eltern sich eine kurze Auszeit gönnen.

Hack #107: Gib deinem Kind beim Laufenlernen Spielzeug in die Hand

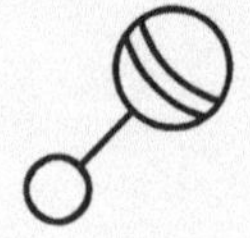

Baby-Alter: 9-12 Monate

Vorteile für das Baby: Sicherheit und Freude beim Laufenlernen

Wenn dein Kind bereits ein paar Schritte gehen kann, sich aber noch nicht allein traut, dann versuche ihm ein kleines Spielzeug in die Hand zu geben. Dies gibt dem Kind das Gefühl sich *festzuhalten* und macht

den Schritt hin zum eigenständigen Gehen leichter. Diese Methode hat sich bei vielen Eltern als wirksam erwiesen.
Die Idee dahinter ist, dem Kind durch das Festhalten an einem vertrauten Gegenstand zusätzlich Sicherheit zu geben. Probiere es aus, es ist erstaunlich, wie gut das bei vielen Kindern funktioniert!

Hack #108: Bleib ruhig, wenn dein Kind hinfällt

Baby-Alter: 9-12 Monate

Vorteile für das Baby: mehr Ruhe und Gelassenheit

Wenn dein Kind beim Laufen hinfällt, versuche nicht sofort zu reagieren, es sei denn, es ist offensichtlich, dass es sich verletzt hat. Wenn Erwachsene sich erschrecken und mit Äußerungen wie *Oje, Aua* oder *Hoppla* reagieren, neigen Kinder dazu zu weinen.

Indem du ruhig bleibst und gelassen reagierst, sendest du dem Kind die Botschaft, dass alles in Ordnung ist und dass Stürze Teil des Lernprozesses sind. Wenn das Kind merkt, dass du keine übermäßige Besorgnis zeigst, wird es wahrscheinlich schneller wieder aufstehen und weitermachen.

Dies fördert nicht nur die Selbstständigkeit des Kindes, sondern unterstützt auch eine positive Einstellung gegenüber Herausforderungen und Rückschlägen. Das Kind wird ermutigt, aus Fehlern zu lernen und sich trotz kleinerer Stürze weiterzuentwickeln.

Checkliste zur Sicherheit zu Hause

Bitte beachte, dass dies nur eine Auswahl von Möglichkeiten ist und auch nicht alle Optionen umgesetzt werden sollen und können.

97. Halte beim Wickeln Blickkontakt
98. Mache Krabbelschuhe rutschfest
99. Befestige Möbel an der Wand
100. Entferne kleine Teile
101. Nutze Steckdosensicherungen
102. Entferne giftige Pflanzen
103. Verstaue Reinigungsmittel und Medikamente
104. Verwende Türstopper
105. Nutze Magnetschlösser
106. Sichere das Kinderzimmer mit einem Gitter
107. Gib deinem Kind beim Laufenlernen Spielzeug in die Hand
108. Bleib ruhig, wenn dein Kind hinfällt

08 | BEIKOST UND ERNÄHRUNG
Was du bei der Umstellung auf feste Nahrung beachten kannst

Der Mensch ist, was er isst.

Ludwig Feuerbach, Philosoph (1804 – 1872)

Zwischen dem fünften und neunten Monat erreichen viele Babys einen Punkt, an dem Milchnahrung nicht mehr ausreicht. Mit dem raschen Anstieg des Körpergewichts steigt auch der Bedarf an Nährstoffen und Energie. In diesem Zeitraum sind die Verdauung, der Stoffwechsel und die Nierenfunktion deines Babys so weit entwickelt, dass es feste Nahrung in Form von Brei aufnehmen und verdauen kann.

Wie kannst du diesen Übergang möglichst reibungslos gestalten? Welche Tipps und Tricks erleichtern dir den Alltag beim Füttern deines Babys?

In diesem Kapitel werde ich auf diese Fragen eingehen und dir praktische Ratschläge zu den Themen Beikost und Ernährung geben.

Hack #109: Gewöhne dein Baby langsam an festes Essen

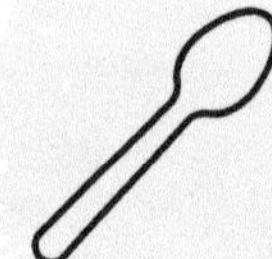

Baby-Alter: 4-10 Monate

Vorteile für die Eltern: Unverträglichkeiten und Allergien erkennen

Wenn du magst, kannst du vorsichtig mit der Breieinführung beginnen, indem du alle vier bis sechs Tage neue Lebensmittel einführst. Immer, wenn du etwas Neues ausprobierst, kannst du schauen, wie dein Baby darauf reagiert. Fang vielleicht mit Gemüsepürees mit einer Sorte an und erweitere die Auswahl nach und nach. Achte dabei auf die Reaktionen deines Babys und nimm dir genug Zeit, um festzustellen, wie es auf jedes Lebensmittel reagiert. Das schafft nicht nur eine gesunde Ernährungsbasis, sondern fördert auch eine positive Einstellung gegenüber verschiedenen Geschmacksrichtungen und Texturen.

Hack #110: Erstelle einen Wochenplan

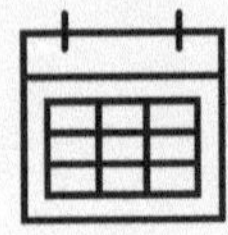

Baby-Alter: 4-10 Monate

Vorteile für die Eltern: bessere Organisation des Alltags

Wenn du damit startest, deinem Baby feste Nahrung zu geben, kann es hilfreich sein, einen Wochenplan zu erstellen. Er ermöglicht es dir, die Vielfalt der Nahrung zu organisieren und sicherzustellen, dass dein Baby unterschiedliche Nährstoffe bekommt. Denk dabei auch an die individuellen Vorlieben und Bedürfnisse deines Babys.

Hack #111: Bereite Babybrei selbst zu und friere ihn ein

Baby-Alter: 4-10 Monate
Vorteile für die Eltern: Zeit- und Kostenersparnis

Selbst gemachter Babybrei bietet nicht nur die Gewissheit über die Qualität der Zutaten, sondern ermöglicht auch eine praktische Vorratshaltung. Wenn die Zeit knapp ist, du aber dennoch die Kontrolle über die Ernährung deines Babys behalten möchtest, ist das Einfrieren eine ausgezeichnete Option.

Koche eine größere Menge Babybrei nach deinen bevorzugten Rezepten. Lasse den gekochten Brei vollständig abkühlen, bevor du ihn weiterverarbeitest. Fülle den Babybrei in einen Eiswürfelbereiter. Diese kleinen Portionen sind ideal für die Bedürfnisse deines Babys. Stelle den Eiswürfelbereiter mit dem Brei in den Gefrierschrank und lass ihn einfrieren, bis der Brei fest ist. Entnimm die gefrorenen Babybrei-Portionen aus dem Eiswürfelbereiter und bewahre sie in einem verschließbaren Gefrierbeutel oder Behälter auf. Vergiss nicht, den Beutel oder Behälter zu beschriften, damit du weißt, welche Sorte Brei es ist und wann du ihn zubereitet hast. Bei Bedarf kannst du dann einfach die benötigte Menge Babybrei auftauen – sei es im Kühlschrank über Nacht oder durch langsames Erhitzen.

Diese Methode sorgt dafür, dass du stets eine frische und selbst gemachte Mahlzeit für dein Baby zur Hand hast, auch wenn die Zeit einmal knapp ist.

Hack #112: Setze dein Baby auf deinen Schoß

Baby-Alter: 4-10 Monate

Vorteile für das Baby: Schonung des Rückens

Du kannst dein Baby auf deinem Schoß platzieren, wenn es noch nicht eigenständig sitzen kann. Setze es dabei seitlich hin, damit es dich sehen kann, und stabilisiere seinen Rücken mit deinem Arm. Im Vergleich zum Hochstuhl ist das Füttern auf dem Schoß rückenschonender für dein Baby. Der direkte Körperkontakt während des Fütterns beruhigt, spendet Wärme und trägt das Gewicht des Babys.

Hack #113: Lege eine Schutzmatte unter den Kinderstuhl

Baby-Alter: 4-10 Monate

Vorteile für die Eltern: saubere Böden, Zeitersparnis

Lege eine Bodenschutzmatte unter den Hochstuhl deines Kindes. Das erleichtert die Reinigung nach dem Essen erheblich. Kleckereien, verschüttetes Essen oder Getränke landen auf der Matte und können dort leicht entfernt werden. Das schont nicht nur deinen Boden, sondern spart auch Zeit und Aufwand bei der Reinigung.

Hack #114: Nutze Geschirrtücher als Lätzchen

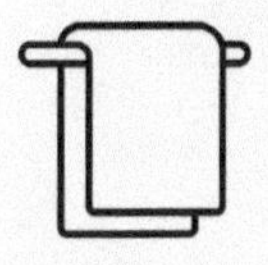

Baby-Alter: 4-10 Monate

Vorteile für die Eltern: Zeitersparnis, Sauberkeit

Manchmal erfordert das elterliche Improvisationstalent schnelle Lösungen, besonders wenn alle Lätzchen gerade in der Wäsche sind und das hungrige Kind versorgt werden muss. Ein einfacher Trick aus der Küche kann in solchen Momenten Abhilfe schaffen:

Nimm ein sauberes Küchenhandtuch und lege es locker um den Hals deines Kindes. Dann befestige es mit einem Haargummi im Genick deines Kindes. Achte darauf, dass es nicht zu eng sitzt und dem Baby keine Unannehmlichkeiten bereitet. Zuletzt passe die Größe des Lätzchens an, indem du es lockerer oder fester um den Hals legst, je nach Bedarf.

Diese schnelle und einfache Lösung ermöglicht es dir, deinem hungrigen Kind ohne große Verzögerung eine Mahlzeit zu geben, wenn die regulären Lätzchen nicht verfügbar sind.

Hack #115: Befestige das Lätzchen am Hochstuhl

Baby-Alter: 6-10 Monate

Vorteile für die Eltern: Zeitersparnis

Viele kennen folgende Situation: Das Essen steht noch nicht bereit und das Kind beginnt vor Hunger bereits ungeduldig zu werden. Der Stresspegel steigt, wenn dann auch noch das Lätzchen gefunden werden muss. Ein einfacher Hack kann hier für Entlastung sorgen: Bringe einen Haken an der Rückenlehne des Hochstuhls an und befestige ein sauberes Lätzchen daran. Auf diese Weise hast du es immer griffbereit.

Hack #116: Gib deinem Kind einen eigenen Löffel

Baby-Alter: 6-10 Monate

Vorteile für die Eltern: entspannte und angenehme Mahlzeiten

Wenn dein Kind ständig nach dem Löffel mit Brei greift, kann es hilfreich sein, ihm einen zweiten Löffel in die Hand zu geben. Das lenkt ab und ermöglicht eine entspannte Mahlzeit. Außerdem fördert es die Selbstständigkeit und ermöglicht ihm, aktiv am Fütterungsprozess teilzunehmen.

Hack #117: Erlaube deinem Kind mit den Fingern zu essen

Baby-Alter: 6-10 Monate

Vorteile für das Baby: Feinmotorik und Hand-Augen-Koordination fördern

Die Eigenständigkeit beim Essen fördert die motorischen Fähigkeiten deines Babys. Indem du ihm erlaubst mit den Fingern zu essen, entwickelt es Feinmotorik und Hand-Augen-Koordination. Gib deinem Kind die Möglichkeit, die Welt der Nahrung auf spielerische Weise zu erkunden und unterstütze es dabei, die Freude am Essen zu entdecken.

Hack #118: Nutze Spüli als Fleckenentferner

Baby-Alter: 4-10 Monate

Vorteile für die Eltern: Flecken einfach entfernen, saubere Textilien

Wenn du Flecken aus Bodys und Stoffwindeln entfernen möchtest, kann es hilfreich sein, vor dem Waschen etwas Geschirrspülmittel zu verwenden. Es löst Schmutz und hilft, die Textilien effektiv zu reinigen. Die Anwendung ist leicht: Einfach das Geschirrspülmittel auf die Flecken geben, einwirken lassen und dann wie gewohnt waschen.

Hack #119: Nutze das Sonnenlicht als Fleckenentferner

Baby-Alter: 4-10 Monate

Vorteile für die Eltern: Flecken entfernen, saubere Textilien

Wenn du Flecken von Kürbissen, Möhren und Tomaten auf der Babykleidung entfernen möchtest, kann Sonnenlicht eine hilfreiche Lösung sein. Lege die Textilien einfach für ein paar Stunden in die Sonne. Das natürliche Sonnenlicht hat eine bleichende Wirkung und kann dazu beitragen, bestimmte Obst- und Gemüseflecken zu entfernen. Dieser einfache Trick ist besonders wirksam bei Flecken, die durch natürliche Substanzen wie zum Beispiel Obst, Gemüse und Muttermilch verursacht wurden.

Hack #120: Nimm Muffinförmchen für die Portionierung

Baby-Alter: 10-12 Monate

Vorteile für die Eltern: kleinkindgerechte Speisen

Wenn du Auflauf, Quiche oder ähnliches zubereitest, gib die Portion für dein Kleinkind in Muffinformen.

Diese Methode bietet mehrere Vorteile. Erstens ist die Muffinportion oft etwas früher fertig, was besonders hilfreich ist, wenn dein Kleinkind ungeduldig ist. Zweitens kann die Muffinportion länger auskühlen. Drittens ermöglicht dir diese Methode, ungeliebte Zutaten in der Babyportion wegzulassen.

Für unterwegs ist eine Muffinportion auch äußerst praktisch. Du kannst die kleinen Portionen leicht mitnehmen, ohne dass viel Geschirr mitgenommen werden muss.

Checkliste zu Beikost und Ernährung

Bitte beachte, dass dies nur eine Auswahl von Möglichkeiten ist und auch nicht alle Optionen umgesetzt werden sollen und können.

109. Gewöhne dein Baby langsam an festes Essen
110. Erstelle einen Wochenplan
111. Bereits Babybrei selbst zu und friere ihn ein
112. Setze dein Baby auf deinen Schoß
113. Lege eine Schutzmatte unter den Kinderstuhl
114. Nutze Geschirrtücher als Lätzchen
115. Befestige das Lätzchen am Hochstuhl
116. Gib deinem Kind einen eigenen Löffel
117. Erlaube deinem Kind mit den Fingern zu essen
118. Nutze Spüli als Fleckenentferner
119. Nutze das Sonnenlicht als Fleckenentferner
120. Nimmer Muffinförmchen für die Portionierung

09 | SPIEL UND BESCHÄFTIGUNG

Wie du mit deinem Baby zu Hause spielen kannst

Das größte Glück eines Kindes ist das Bewusstsein, geliebt zu werden.

Don Giovanni Bosco, Priester (1815 - 1888)

Babys bis zum Alter von einem Jahr sind auf vielfältige Weise aktiv und lernen durch spielerische Interaktion mit ihrer Umgebung. Das Spiel ist nicht nur eine angenehme Zeitvertreibung, sondern auch ein wesentlicher Bestandteil ihrer körperlichen, kognitiven und emotionalen Entwicklung. Es fördert sowohl die motorischen Fähigkeiten als auch die Sinneswahrnehmung des Babys. Denn durch das Erforschen von Spielzeugen mit verschiedenen Texturen, Farben und Formen entwickeln Kinder ihre sensorischen Fähigkeiten und lernen die Welt um sie herum zu verstehen. Darüber hinaus bietet das Spiel eine wertvolle Gelegenheit für soziale Interaktion und Bindung zwischen Eltern und Kind. Durch das gemeinsame Spielen und Lachen entwickeln Babys eine starke emotionale Verbindung zu ihren Betreuungspersonen, die das Fundament für gesunde Beziehungen legt.

In diesem Kapitel werde ich spielerische Aktivitäten und Beschäftigungsideen für Babys im ersten Lebensjahr aufzeigen, die Spaß machen und die Entwicklung von Kindern auf vielfältige Weise unterstützen.

Hack #121: Lies deinem Baby vor

Baby-Alter: 3-12 Monate

Vorteile für das Baby: gemeinsame Zeit, Eltern-Kind-Bindung

Das regelmäßige Vorlesen schafft nicht nur eine starke Verbindung zwischen dir und deinem Kind, sondern fördert auch die sprachliche Entwicklung. Die rhythmischen Klänge der vorgelesenen Worte beruhigen dein Baby und helfen dabei, sein Hörvermögen und seine Sprachentwicklung zu stimulieren. Frühzeitiges Vorlesen legt auch den Grundstein für eine positive Einstellung zum Lesen. Die bunten Bilder in Kinderbüchern wecken die Neugier des Babys und fördern seine visuelle Wahrnehmung.

Wenn du magst, kannst du die Vorlesezeit als entspanntes Ritual in den Tagesablauf integrieren und verschiedene Arten von Büchern ausprobieren. So wird das Vorlesen zu einem liebevollen und bildungsfördernden Bestandteil des Alltags, der die Grundlage für eine lebenslange Liebe zum Lesen schafft.

Hack #122: Sprich den Namen deines Kindes oft aus

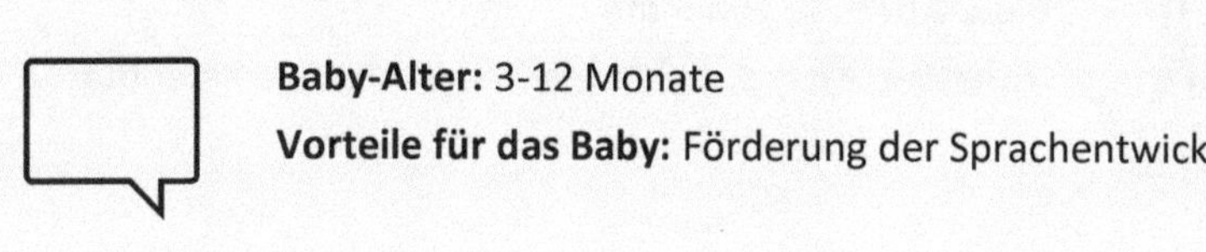

Baby-Alter: 3-12 Monate

Vorteile für das Baby: Förderung der Sprachentwicklung

Du kannst die Sprachentwicklung deines Babys auf spielerische Weise fördern, indem du regelmäßig mit ihm sprichst und dabei insbesondere seinen Namen betonst. Das kann beim Füttern, beim Wickeln oder während der gemeinsamen Spielzeiten sein. Die regelmäßige Wiederholung stärkt die Verbindung zwischen dem gesprochenen Wort und der Identität des Babys. So trägt sie dazu bei, dass das Baby auf den Klang seiner eigenen Bezeichnung reagiert. Dies ist ein bedeutender Schritt in der Entwicklung der kindlichen Aufmerksamkeit und Sprachverarbeitung.

Hack #123: Plane Spiegelzeit ein

Baby-Alter: 3-12 Monate

Vorteile für das Baby: Entdecken der eigenen Identität

Wenn du eine unterhaltsame Aktivität suchst, die nicht nur die Freude deines Babys weckt, sondern auch seine Sinne und Selbstwahrnehmung fördert, plane bewusst *Spiegelzeit* ein. Denn viele Kinder lieben es, sich selbst im Spiegel zu betrachten.

Stelle einen kindersicheren Spiegel in der Nähe des Spielbereichs deines Kindes auf oder nutze einen vorhandenen Spiegel, zum Beispiel an der Wand. Setze dein Baby vor den Spiegel und beobachte seine Reaktionen. Viele Babys sind fasziniert, wenn sie ihr eigenes Spiegelbild entdecken. Während der Spiegelzeit kann dein Baby visuelle Fähigkeiten entwickeln, indem es Gesichtsausdrücke nachahmt oder versucht, nach seinem Spiegelbild zu greifen. Diese Aktivität kann die soziale und emotionale Entwicklung fördern, da Kinder oft lächeln oder plappern, während sie sich selbst im Spiegel betrachten.

Wenn du magst, kannst du auch eine positive Verstärkung einbauen, indem du mit deinem Baby während der Spiegelzeit sprichst und spielst.

Hack #124: Gestalte ein eigenes Mobile

Baby-Alter: 3-12 Monate

Vorteile für das Baby: die visuelle und auditive Wahrnehmung fördern

Materialien: eine Schwimmnudel, Spielzeuge, Kuscheltiere und Bänder zum Befestigen, ggf. Stoffreste

Mobile sind oft teuer. Wenn du magst, kannst du ganz einfach dein eigenes gestalten. Nimm einfach eine Schwimmnudel und befestige sie links und rechts an den Gitterstäben des Babybetts oder Laufstalls. Je nach Geschmack kannst du die Schwimmnudel zusätzlich mit Stoff umwickeln, um einen farbenfrohen Effekt zu erzielen.

Die Schwimmnudel dient als perfekte Basis für das Mobile. Hänge nun verschiedene bunte Gegenstände wie Spielzeug, Stofftiere oder Glöckchen an die Nudel. Du kannst die Elemente so anordnen, dass sie in verschiedenen Höhen hängen und sich drehen können.

Hack #125: Veranstalte eine Tanzparty

Baby-Alter: 3-12 Monate

Vorteile für das Baby: Entspannung und Unterhaltung

Mach aus der gemeinsamen Zeit mit deinem Baby eine Tanzparty! Wähle ruhige Musik und bewege dich gemeinsam mit deinem Kind im Takt. So lässt du dein Kind spüren, wie sich rhythmische Bewegungen anfühlen. Halte es dabei eng an deinem Körper oder unterstütze es mit liebevollen Handbewegungen.

Das Tanzen bietet nicht nur eine unterhaltsame Abwechslung im Alltag, sondern fördert auch die enge Bindung zwischen dir und deinem Kind. Die sanften Bewegungen im Rhythmus der Musik schaffen eine beruhigende Atmosphäre, die nicht nur für das Baby, sondern auch für dich entspannend ist. Die Tanzparty kann in jedem Raum stattfinden, sei es im Wohnzimmer oder im Kinderzimmer. Es ist eine einfache und zugleich wundervolle Möglichkeit, die Zweisamkeit zu genießen und die Freude an Bewegung und Musik von klein auf zu fördern.

Hack #126: Verwerte Plastikflaschen

Baby-Alter: 3-12 Monate

Vorteile für das Baby: die visuelle und auditive Wahrnehmung fördern

Materialien: leere Plastikflaschen mit Schraubverschluss, Wasser, Glitzer, Steine, Laub, kleine
Kastanien, Haselnüsse oder andere interessante Dinge

Verwerte Plastikmüll, indem du leere PET-Flaschen in Baby-Spielzeug verwandelst. Fülle die Flaschen mit Wasser und füge Glitzer, Steine, Laub, kleine Kastanien, Haselnüsse oder andere interessante Gegenstände hinzu. Dies schafft nicht nur eine fabelhafte Beschäftigung für die Kinder, sondern trägt auch dazu bei, Plastikmüll auf kreative Weise wiederzuverwenden.

Hack #127: Nutze Geschenkpapierrollen als Spielzeug

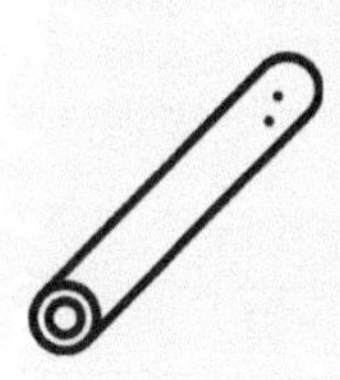

Baby-Alter: 3-12 Monate

Vorteile für das Baby: die Motorik sowie die Hand-Augen-Koordination fördern

Vorteile für die Eltern: eine kostengünstige Unterhaltungsmöglichkeit für das Kind

Materialien: leere Geschenkpapierrolle

Wenn du nach einer kostengünstigen und einfachen Möglichkeit suchst, dein Baby zu unterhalten und seine motorischen Fähigkeiten zu fördern, dann nutze eine leere Geschenkpapierrolle. Reiche sie deinem Baby und beobachte, was passiert. Greift dein Kind nach der Rolle? Oder schaut es der Rolle hinterher?

Das Greifen nach der Rolle unterstützt die Entwicklung der Hand-Augen-Koordination und die Stärkung der Greifmuskulatur. Der unvorhersehbare Weg, den die Rolle rollen kann, regt die Neugier deines Babys an und fördert seine Bewegungsfähigkeit. Wenn dein Baby alt genug ist, robbt oder krabbelt es der Rolle vielleicht sogar hinterher. Die meisten Babys finden Geschenkpapierrollen faszinierend.

Manchmal können die einfachsten Dinge im Haushalt zu den besten Spielzeugen eines Kindes werden. Wichtig dabei ist, dass du dein Kind beobachtest und darauf achtest, dass es den Karton nicht in den Mund nimmt.

Hack #128: Bastle eine Rassel

Baby-Alter: 6-12 Monate

Vorteile für das Baby: die visuelle und auditive Wahrnehmung fördern

Materialien: eine leere Plastikflasche mit Schraubverschluss, Reis oder kleine Trockennudeln

Die Begeisterung deines Babys für Spielzeug entwickelt sich, und selbst gemachte Rasseln können eine unterhaltsame und kostengünstige Spieloption sein. Nachfolgend findest du eine einfache Anleitung, wie du eine Rassel aus einer leeren Plastikflasche herstellen kannst:

Stelle sicher, dass die Plastikflasche gründlich gereinigt und trocken ist. Fülle die Flasche etwa zur Hälfte mit Reis oder kleinen Trockennudeln. Die Menge kann je nach gewünschtem Klang und Größe der Flasche variieren. Schraube den Verschluss fest auf die Flasche, um sicherzustellen, dass der Reis sicher eingeschlossen ist. Schüttle die Flasche sanft, um den Klang zu testen. Je nach Vorlieben kannst du mehr oder weniger Reis hinzufügen.

Wenn du möchtest, kannst du die Plastikflasche dekorieren, indem du sie mit farbigem Papier beklebst oder mit sicheren Farben bemalst. Achte darauf, dass die Dekoration sicher und für Babys geeignet ist.
Diese selbst gemachte Rassel bietet eine akustische Stimulation und regt die Neugier deines Babys an. Bitte achte darauf, dass die Flasche sicher verschlossen ist und lass dein Baby nur unter Aufsicht damit spielen.

Hack #129: Baue einen Pappschachtel-Tunnel

Baby-Alter: 6-12 Monate

Vorteile für das Baby: die Motorik sowie die visuelle und auditive Wahrnehmung fördern

Materialien: große, leere Pappschachteln, ggf. Messer oder Schere, um die Größe anzupassen, Kissen und Decken

Erweitere die Spielmöglichkeiten für dein Kind, indem du leere Pappschachteln zu einem kleinen Tunnel anordnest. Du kannst die Pappschachteln dabei in verschiedenen Winkeln anordnen, um interessante Durchgänge und Verstecke zu schaffen. Lege weiche Decken oder Kissen in den Tunnel, um eine gemütliche Stimmung zu schaffen.

Der Pappschachtel-Tunnel ermutigt dein Baby, aktiv zu werden, zu krabbeln und neue Räume zu entdecken. Diese einfache Spielidee kann in jedem Raum deines Zuhauses umgesetzt werden und ist eine kostengünstige Möglichkeit, um die Neugier deines Babys zu wecken.

Hack #130: Verwende Joghurt als Fingerfarbe

Baby-Alter: 6-12 Monate

Vorteile für das Baby: Feinmotorik fördern

Materialien: Naturjoghurt, leicht zu reinigendes Tablett

Du kannst die Sinne deines Babys fördern, indem du es mit einer spaßigen Fingerfarben-Aktivität beschäftigst. Wenn dein Kind bereits mit festen Lebensmitteln experimentiert, ist diese kinderfreundliche *Mal-Session* mit Joghurt eine aufregende Erweiterung der spielerischen Entdeckungsreise.

Wähle einen warmen und sicheren Ort, idealerweise einen abwaschbaren Hochstuhl oder ein leicht zu reinigendes Tablett, um dort eine kleine Menge ungezuckerten Joghurts zu platzieren. Entkleide dein Baby oder behalte es in Windeln, damit es frei mit den Fingerfarben experimentieren kann.

Beobachte, wie die kleinen Finger deines Babys den Joghurt erkunden und auf der glatten Oberfläche des Tabletts kunstvolle Spuren hinterlassen. Diese kreative Aktivität fördert die Feinmotorik deines Kindes und ermöglicht ihm eine spannende sensorische Erfahrung. Denke daran, diese kostbaren Momente festzuhalten, um die Erinnerungen an die ersten *Kunstwerke* deines Babys zu bewahren.

Hack #131: Richte ein Küchenfach für dein Kind ein

Baby-Alter: 6-12 Monate

Vorteile für das Baby: Beschäftigung in der Küche, Förderung der Motorik

Ausstattung: Teller, Löffel, Becher, Wasserflaschen und Schalen aus Plastik

Wenn du eine besonders kinderfreundliche Atmosphäre in der Küche haben möchtest, dann richte eine Schublade oder ein Fach im unteren Bereich speziell für dein Kind ein. Darin können sich zum Beispiel Teller, Löffel, Becher, Wasserflaschen und Schalen aus Plastik befinden. Das Kind kann die Schublade oder die Tür selbstständig öffnen und die Gegenstände herausnehmen. So kann sich dein Kind beschäftigen, während du in der Küche tätig bist.

Hack #132: Stelle ein aufblasbares Planschbecken auf

Baby-Alter: 6-12 Monate

Vorteile für das Baby: Unterhaltung, die motorische Entwicklung fördern

Ausstattung: kleines aufblasbares Schwimmbecken, Kissen, Decken und verschiedene weiche Spielzeuge

Aufblasbare Schwimmbecken ohne Wasser können ein wahres Spieleparadies für Kinder sein. Dort kann dein Kind sicher spielen und gleichzeitig lernen, die Balance zu halten. Diese luftgefüllten Pools bieten eine weiche und geschützte Spielumgebung, in der sich dein Kind bewegen kann. Da das Wasser fehlt, besteht keine Gefahr des Untertauchens. Die weiche Oberfläche des aufblasbaren Beckens ist schonend für zarte Haut und Gliedmaßen. Am besten füllst du das Planschbecken mit Luft und gibst weiche Spielzeuge, Kissen und Decken hinein. Damit förderst du die motorischen Fähigkeiten deines Kindes und ermöglichst es ihm, verschiedene Sinnesreize zu erleben.

Hack #133: Binde das Geschwisterkind ein

Baby-Alter: 0-12 Monate

Vorteile für das Baby: Ruhe, Entspannung, Bindung

Vorteile für die Eltern: Fokus auf das jüngere Geschwisterkind

Der Übergang vom Einzelkind zum großen Bruder oder zur großen Schwester kann mitunter herausfordernd sein. Dennoch bietet die Einbindung des Geschwisterchens in die Betreuung des Babys viele Vorteile. Bereits kleine Aufgaben können dazu beitragen, eine positive Verbindung zwischen den Geschwistern zu schaffen und das ältere Kind in seiner neuen Rolle zu stärken.

Es können einfache Tätigkeiten sein, wie beispielsweise beim Baden des Babys zu helfen, eine Windel zu reichen oder das Baby behutsam zu schaukeln. Diese kleinen Aufgaben vermitteln dem älteren Geschwisterkind nicht nur das Gefühl der Einbindung, sondern fördern auch die Verantwortungsbereitschaft und das Verständnis für die Bedürfnisse des Babys.

Wichtig ist dabei, die Aufgaben an das Alter und die Fähigkeiten des Geschwisterchens anzupassen, um eine positive und stressfreie Erfahrung zu gewährleisten.

Hack #134: Nutze TipToi und Hörbücher für Geschwister

Baby-Alter: 0-12 Monate
Vorteile für das Baby: Ruhe, Entspannung, Bindung
Ausstattung: Musikbox, Tiptoi Bücher

Eltern von mehreren Kindern kennen die Herausforderung – das Baby benötigt die volle Aufmerksamkeit, während das ältere Geschwisterkind möglicherweise Schwierigkeiten damit hat, die Situation vollkommen zu verstehen. Um dir während des Wickelns oder Fütterns die benötigte Ruhe zu verschaffen, können Tiptoi-Bücher oder Musikboxen, die dein älteres Kind selbst bedienen kann, wertvolle Helfer sein. Diese Gegenstände sind oft auch gebraucht erhältlich und bieten eine gute

Möglichkeit, die Zeiten, in denen du Ruhe brauchst, entspannt zu überbrücken.

Hack #135: Gib das Geschwisterkind auch mal ab

Baby-Alter: 0-12 Monate

Vorteile für das Baby: Ruhe, Entspannung, Bindung

Vorteile für die Eltern: Fokus auf das jüngere Geschwisterkind

Die Möglichkeit, dein älteres Kind von Großeltern, Tanten oder anderen vertrauten Personen betreuen zu lassen, kann eine wertvolle Entlastung darstellen. Bei Ausflügen und Spielverabredungen erhält es die Aufmerksamkeit, die du möglicherweise gerade nicht in vollem Umfang geben kannst. Solche Besuche stärken nicht nur sein Selbstbewusstsein, sondern ermöglichen es ihm auch, neue Erfahrungen zu sammeln und Beziehungen außerhalb der Familie zu entwickeln.

Es ist wichtig, dass das ältere Kind während solcher Betreuungseinheiten nicht das Gefühl hat, abgeschoben zu werden. Vielmehr geht es darum, ihm zusätzliche positive Erlebnisse zu ermöglichen und seine sozialen Fähigkeiten zu fördern. Die Zeit mit anderen Bezugspersonen bietet ihm die Gelegenheit, neue Dinge zu entdecken und verschiedene Perspektiven kennenzulernen.

Solche Betreuungsmomente können auch dazu beitragen, dass Eltern die notwendige Zeit und Aufmerksamkeit für das Baby aufbringen können, ohne dass das ältere Geschwisterkind sich vernachlässigt fühlt. Es ist eine Win-win-Situation, die die familiäre Dynamik positiv beeinflussen kann, solange die Balance gewahrt bleibt und das ältere Kind sich in seiner Rolle wertgeschätzt fühlt.

Hack #136: Verbringe exklusive Zeit mit den Geschwistern

Baby-Alter: 0-12 Monate
Vorteile für das Baby: Ruhe, Entspannung, Bindung
Vorteile für die Eltern: jedem Kind gerecht werden

Die Ankunft eines Babys bedeutet oft, dass ältere Geschwister ihren bisherigen Status verlieren und teilen müssen. Obwohl sie mit der Zeit verstehen, dass sich die Familienkonstellation verändert hat, bleiben sie dennoch kleine Kinder. Um die Enttäuschung zu mildern und die Akzeptanz des Neugeborenen zu fördern, ist es eine gute Idee, regelmäßig exklusive Zeit, ohne das Baby für das ältere Geschwisterkind einzuplanen.
Die bewusste Organisation von *Quality Time* für das ältere Geschwisterkind ermöglicht Momente, in denen es im Mittelpunkt stehen kann, ohne die Aufmerksamkeit mit dem Neugeborenen teilen zu müssen. Dies kann eine spezielle Aktivität, ein Ausflug oder einfach ein gemeinsames Spiel sein – alles, was dem älteren Geschwister Freude bereitet und ihm das Gefühl vermittelt, weiterhin wichtig zu sein und geliebt zu werden.

Checkliste zu Spiel und Beschäftigung

Bitte beachte, dass dies nur eine Auswahl von Möglichkeiten ist und auch nicht alle Optionen umgesetzt werden sollen und können.

121. Lies deinem Baby vor
122. Sprich den Namen deines Kindes oft aus
123. Plane Spiegelzeit ein
124. Gestalte ein eigenes Mobile
125. Veranstalte eine Tanzparty
126. Verwerte Plastikflaschen
127. Nutze Geschenkpapierrollen als Spielzeug
128. Bastle eine Rassel
129. Bauen einen Pappschachtel-Tunnel
130. Verwende Joghurt als Fingerfarbe
131. Richte ein Küchenfach für dein Kind ein
132. Stelle ein aufblasbares Planschbecken auf
133. Binde das Geschwisterkind ein
134. Nutze TipToi und Hörbücher für Geschwister
135. Gib das Geschwisterkind auch mal ab
136. Verbringe exklusive Zeit mit den Geschwistern

10 | MIT BABY UNTERWEGS
Wie du mit deinem Baby entspannt kleine und große Abenteuer erleben kannst

Solange die Kinder klein sind, gib ihnen Wurzeln. Sind sie älter geworden, gib ihnen Flügel.

Indisches Sprichwort

Von den ersten Spaziergängen im Park bis hin zu längeren Reisen gibt es viele Gelegenheiten, die Welt mit deinem Kind zu erkunden und wertvolle Erinnerungen zu schaffen.

Dieses Kapitel widmet sich ganz der Kunst des *Unterwegs seins* mit deinem Baby und bietet praktische Ratschläge aus der Praxis sowie bewährte Tipps, um diese Erfahrungen so reibungslos und angenehm wie möglich zu gestalten. Ob du einen kurzen Ausflug in die Stadt planst oder eine längere Reise mit dem Flugzeug, Zug oder Auto unternehmen möchtest, diese praktischen Tipps können dir helfen, dich auf typische Herausforderungen vorzubereiten.

Hack #137: Habe Überraschungen dabei

Baby-Alter: 0-12 Monate

Vorteile für das Baby: Unterhaltung, Beruhigung

Ausstattung: kleine Spielzeuge und/oder Bücher

Anstatt dich ausschließlich auf die notwendigen Utensilien in der Wickeltasche zu beschränken, integriere kleine Überraschungen, die sowohl Eltern als auch Baby unterwegs aufmuntern können.

Diese Überraschungen könnten vielfältig sein – von farbenfrohen, weichen Spielzeugen bis hin zu kleinen Büchern mit beruhigenden Bildern. Das Verstecken dieser Überraschungen in den Tiefen der Wickeltasche schafft Momente unerwarteter Freude für das Baby während der Reise. Die Spielzeuge können als Ablenkung dienen und die Neugier und Aufmerksamkeit des Babys wecken.

Hack #138: Nimm dein individuelles Notfall-Set mit

Baby-Alter: 0-12 Monate

Vorteile für die Eltern: weniger Stress durch gute Vorbereitung bei Windelunfällen oder anderen Missgeschicken

Ausstattung: der Jahreszeit entsprechende Kleidung

Es ist stets ratsam, immer ausreichend Wechselkleidung für dein Baby dabei zu haben, um auf unvorhergesehene Situationen vorbereitet zu sein. Einige Eltern stellen individuelle Notfall-Sets zusammen, die jeweils eine Windel, einen Body, eine Hose, einen Pullover, Socken und andere wichtige der Jahreszeit entsprechende Kleidungsstücke enthalten. Diese Sets deponieren sie dann strategisch im Auto, im Kinderwagen oder an anderen gut erreichbaren Orten. So sind sie stets für unterschiedlichste Situationen gewappnet, sei es ein unerwartetes Missgeschick oder eine plötzliche Wetteränderung.

Hack #139: Habe Zip-Beutel dabei

Baby-Alter: 0-12 Monate

Vorteile für die Eltern: praktische Aufbewahrungsmöglichkeit

Zip-Beutel können unterwegs für viele verschiedene Zwecke verwendet werden können. Zum Beispiel kann schmutzige Wäsche im Beutel geruchsfrei und auslaufsicher verstaut werden. Als Beutel für Smartphones, Sonnenmilch, Duschgels, Puzzles und andere Spielsachen sind sie wahre Platzwunder. Auch für kleine Snacks zwischendurch eignen sie sich hervorragend. Zip-Beutel, die du nicht für Lebensmittel nutzt, kannst du beliebig oft wiederverwenden. Stülpe sie um und wasche sie mit Seife oder Spülmittel unter fließendem Wasser aus und lasse sie an der Luft gut trocknen.

Hack #140: Packe ein sauberes Oberteil für dich ein

Baby-Alter: 0-12 Monate

Vorteile für die Eltern: weniger Stress durch gute Vorbereitung bei schmutziger Eltern-Kleidung

Ausstattung: ein Wechsel-Oberteil für die Eltern

Neben all den Dingen, die du für dein Baby in der Wickeltasche hast, gibt es auch etwas, das für dich selbst unverzichtbar sein könnte. Wenn dein Kind dich zum Beispiel beim Bäuerchen machen vollspuckt oder dein Oberteil mit schmutzigen Fingern angreift, wirst du ein sauberes Oberteil zu schätzen wissen. Ein T-Shirt in der Wickeltasche kann in solchen Momenten Gold wert sein. Denn seien wir ehrlich, Baby-Bäuerchen kommen oft genau dann, wenn man es am wenigsten erwartet. Mit einem Ersatzshirt bist du für solche Überraschungen gewappnet und kannst dich auch unterwegs frisch fühlen.

Hack #141: Befestige Spielsachen am Kinderwagen

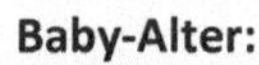

Baby-Alter: 0-12 Monate

Vorteile für das Baby: Unterhaltung durch eine Auswahl an griffbereitem Spielzeug

Vorteile für die Eltern: weniger Bücken

Ausstattung: ein Stoffband und verschiedene Spielzeuge

Nimm Beißringe, einen Ball, Schnuller, Rasseln und ähnliches Spielzeug und befestige sie an einem Stoffband. Anschließend befestige das Band am Kinderwagen oder der Trage. Dieser einfache Trick erspart dir einerseits das ständige Aufheben von heruntergefallenem Spielzeug, andererseits ist das Spielzeug für dein Baby stets griffbereit.

Hack #142: Bewahre den Schnuller in einer Plastikbox auf

Baby-Alter: 0-12 Monate

Vorteile für das Baby: ein griffbereiter und hygienisch sauberer Schnuller

Vorteile für die Eltern: Zeitersparnis – kein aufwendiges Suchen des Schnullers

Damit der Schnuller deines Kindes immer sauber und griffbereit ist, stecke ihn am besten in eine kleine Plastikbox. So bleibt er hygienisch und du findest ihn problemlos in deiner Tasche wieder. Gleichzeitig schützt du ihn auch vor Staub, Krümeln und anderen Unannehmlichkeiten.

Denk daran, die Plastikbox regelmäßig zu reinigen, damit auch sie stets hygienisch bleibt. Ein kleiner Aufwand, der dir viel Ärger erspart und dafür sorgt, dass der Schnuller stets einsatzbereit ist, wenn dein Kind ihn braucht. Probiere es aus, und du wirst sehen, wie praktisch es ist!

Hack #143: Nutze Tragetuch oder Babytrage

Baby-Alter: 0-12 Monate

Vorteile für das Baby: Geborgenheit unterwegs

Vorteile für die Eltern: zwei freie Hände

Tragetuch oder Babytrage sind oft der Lieblingsort vieler Babys in den ersten Monaten. Die Nähe zum elterlichen Körper vermittelt ein Gefühl von Geborgenheit und für das Baby ist es ein besonders gemütlicher Platz. Gleichzeitig hast du beide Hände frei – sei es beim Einkaufen, beim Sightseeing, im Zug oder Bus. Es ist eine Win-win-Situation: Das Baby ist zufrieden und fühlt sich sicher, und du kannst deinen Ausflug oder deine Reise flexibel und ohne Einschränkungen bewältigen.

Hack #144: Halte die wichtigsten Dinge im Auto bereit

Baby-Alter: 0-12 Monate

Vorteile für das Baby: notwendige Dinge sind griffbereit

Vorteile für die Eltern: weniger Stress durch eine Verfügbarkeit aller wichtigen Dinge unterwegs

Du kannst dir eine kleine Tasche oder Box im Auto mit alltäglichen Bedarfsgegenständen einrichten, um stets vorbereitet zu sein. Die Tasche sollte grundlegende Artikel enthalten, die oft benötigt werden, aber leicht vergessen werden können. Hierzu gehören Dinge wie Taschentücher, Feuchttücher, Handdesinfektionsmittel, Schmerzmittel, ein kleiner Snack oder andere persönliche Gegenstände. Durch die griffbereite Aufbewahrung dieser Utensilien bist du unterwegs bestens ausgerüstet.

Es ist ratsam, die Tasche oder Box in regelmäßigen Abständen zu überprüfen und bei Bedarf aufzufüllen.

Hack #145: Nutze ein kleines Tuch als Wickelunterlage

Baby-Alter: 0-6 Monate

Vorteile für die Eltern: eine hygienische Wickelumgebung

Optimiere deine Wickelsituation unterwegs, indem du ein einfaches Tuch oder Handtuch als praktische Wickelunterlage einsetzt. Dieser Hack bietet eine sofortige Lösung, wenn keine herkömmliche Unterlage verfügbar ist. Falte das Tuch auf die gewünschte Größe und lege es auf eine ebene Fläche, sei es auf einer Parkbank oder im Kofferraum deines Autos.

Hack #146: Nutze Hauben für die Räder des Kinderwagens

Baby-Alter: 0-12 Monate

Vorteile für die Eltern: Sauberkeit zu Hause und unterwegs

Wenn du den Kinderwagen von draußen mit nach drinnen nimmst, könntest du die Räder mit Duschhauben abdecken, um den Schmutz vom Boden fernzuhalten. Das erspart dir zusätzliche Reinigungsarbeit. Dieser Trick ist kostengünstig und spart Zeit, besonders wenn es mal schnell gehen muss oder du in einem Hotelzimmer oder bei Freunden einkehrst. Zu Hause kannst du den Hack auch jederzeit anwenden, wenn du keine Lust auf ausgiebiges Putzen hast. Probiere es aus und mach dir das Leben leichter.

Hack #147: Verwende Babypuder, um Sand zu entfernen

Baby-Alter: 0-12 Monate

Vorteile für die Eltern: sandfreie Babyhaut

Um feuchten Sand noch am Spielplatz oder am Strand von Händen und Füßen oder auch vom Gesicht und anderen Körperteilen des Babys zu entfernen, ist Babypuder eine gute Lösung. Streue einfach eine kleine Menge auf die betroffenen Stellen und dann rubbele leicht. Du wirst sehen, der Sand verschwindet wie von selbst. Das funktioniert besonders gut, wenn der Sand leicht feucht ist. Babypuder absorbiert die Feuchtigkeit und macht den Sand leichter ablösbar.

Diese Methode ist effektiv und sanft zur Haut. Es hinterlässt eine angenehme Frische und verhindert, dass der Sand weiterhin kleben bleibt. Gerade nach einem Tag am Strand oder im Sandkasten kann das Babypuder eine echte Erleichterung sein.

Ein kleiner Tipp: Wenn du keinen Babypuder hast, könnte auch Maisstärke eine gute Alternative sein.

Hack #148: Nutze Zahnpasta für Kugelschreiberspuren

Baby-Alter: 6-12 Monate

Vorteile für die Eltern: eine kostengünstige und ungiftige Entfernung von Kugelschreiberspuren

Wenn du mit deinem Kind unterwegs bist und es bereits mobil ist, kann es passieren, dass es einen Kugelschreiber oder Marker in die Finger bekommt und damit Holzmöbel bemalt. Zahnpasta kann in einigen Fällen als mildes Schleifmittel dienen und dabei helfen, leichte Flecken oder Markierungen von Kugelschreibern und Permanent-Markern zu entfernen. Hier ist eine mögliche Vorgehensweise:

Trage eine kleine Menge nicht-gelartiger Zahnpasta auf die betroffene Stelle auf. Verwende einen weichen Lappen oder eine Zahnbürste, um die Zahnpasta vorsichtig auf der Markierung zu verreiben.
Reibe weiter, bis die Markierung verschwunden ist und achte darauf, das Holz dabei nicht zu beschädigen.
Wische die behandelte Stelle mit einem sauberen, feuchten Lappen ab, um eventuelle Rückstände zu entfernen.
Es ist wichtig zu beachten, dass dieser Trick nicht bei allen Holzarten und allen Arten von Permanentmarkern funktioniert. Teste die Methode am besten zuerst an einer unauffälligen Stelle, um sicherzustellen, dass keine Schäden am Holz entstehen.
Wenn die Markierung hartnäckig ist oder das Holz empfindlich ist, könnte es ratsam sein, professionelle Reinigungsmittel oder spezielle Holzreiniger zu verwenden. Immer vorsichtig sein, um das Holz nicht zu beschädigen, und im Zweifelsfall einen Fachmann konsultieren.

Hack #149: Nutze Isoblierbecher, um Brei zu erwärmen

Baby-Alter: 4-8 Monate

Vorteile für das Baby: eine schnell zubereitete warme Mahlzeit unterwegs

Vorteile für die Eltern: schnelles, flexibles und sicheres Aufwärmen von Milch und Speisen

Nutze die Isolationskraft von Edelstahlbechern, um unterwegs mühelos Babybrei zu erwärmen. Koche Wasser und bewahre es in einem sicher verschlossenen, großen Coffee to go-Becher aus Edelstahl auf, um es den ganzen Tag heiß zu halten. Wenn du eine Flasche für dein Baby oder ein Gläschen erwärmen möchtest, platziere sie oder es kurz im Becher mit dem heißen Wasser. Dieser einfache Trick ist besonders praktisch für Eltern, die viel unterwegs sind und sicherstellen möchten, dass die Milch oder der Brei für das Baby die richtige Temperatur haben.

Hack #150: Sichere die Umgebung mit Klebeband

Baby-Alter: 3-12 Monate

Vorteile für das Baby: eine sichere Umgebung auch unterwegs

Vorteile für die Eltern: schnelle und einfache Reduktion von Gefahrenquellen

Wenn du auf Reisen gehst, ist es immer praktisch, eine Rolle breites und strapazierfähiges Klebeband dabei zu haben. Auf diese Weise kannst du jede Umgebung kindersicher gestalten, indem du beispielsweise Steckdosen und Türen abklebst.

Achte beim Kauf des Klebebands bitte darauf, dass es sich im Anschluss wieder rückstandslos entfernen lässt.

Checkliste zum mit Baby Unterwegs sein

Bitte beachte, dass dies nur eine Auswahl von Möglichkeiten ist und auch nicht alle Optionen umgesetzt werden sollen und können.

137. Habe Überraschungen dabei
138. Nimm dein individuelles Notfall-Set mit
139. Habe Zip-Beutel dabei
140. Packe ein sauberes Oberteil für dich ein
141. Befestige Spielsachen am Kinderwagen
142. Bewahre den Schnuller in einer Plastikbox auf
143. Nutze Tragetuch oder Babytrage
144. Halte die wichtigsten Dinge im Auto bereit
145. Nutze ein kleines Tuch als Wickelunterlage
146. Nutze Hauben für die Räder des Kinderwagens
147. Verwende Babypuder, um Sand zu entfernen
148. Nutze Zahnpasta für Kugelschreiberspuren
149. Nutze Isolierbecher, um Brei zu erwärmen
150. Sichere die Umgebung mit Klebeband

Nachwort

Mit dem Abschluss dieses Buches hast du eine wichtige Etappe auf deiner Reise durch das erste Babyjahr erreicht. Auf diesen Seiten habe ich versucht, dich mit hilfreichen Informationen und praktischen Tipps zu begleiten und ich hoffe, dass dir dieser Ratgeber dabei geholfen hat, dich im ersten Babyjahr sicherer zu fühlen. Vom Babyschlaf über die Ernährung bis zur Bewältigung anderer Herausforderungen – ich habe mein Bestes gegeben, um dich zu unterstützen und zu ermutigen.

Dieses Buch soll dir nicht nur als praktisches Nachschlagewerk dienen, sondern dich auch daran erinnern, dass du nicht allein bist auf diesem Weg. Jede Mama hat ihre eigenen Erfahrungen, ihre eigenen Ängste und ihre eigenen Freuden, aber wir alle teilen das gleiche Gefühl der Liebe und Hingabe zu unseren Kindern.

Das erste Lebensjahr ist nur der Anfang einer lebenslangen Reise mit deinem Kind. Lass dich von jeder Phase überraschen, sei geduldig mit dir selbst und mit deinem Baby und erinnere dich daran, dass es keinen perfekten Weg gibt, eine Mama zu sein. Was wirklich zählt, ist die Liebe, die Zeit und die Aufmerksamkeit, die du deinem Kind schenkst, und die unermüdliche Bereitschaft, immer weiter zu lernen und zu wachsen.

Ich danke dir von Herzen, dass du dieses Buch gewählt hast. Mag dein Weg als Mama von Freude, Liebe und unvergesslichen Erinnerungen gesäumt sein.

Alles Gute für dich und deine Familie!

Deine Emilia

Literatur

- Bordelius, Maria Dr. (2023): Baby-Notfall-Ampel: Symptome richtig deuten und sicher reagieren
- Boyd, Caroline (2022): MAMA SELFCARE: Mit Achtsamkeit und Selbstfürsorge durch das erste Jahr mit Baby. Impulse zu Meditation, Yoga, Atemtechniken, Naturheilkunde, Aromatherapie, Ernährung, Baby- und Selbstmassage, Dorling Kindersley Verlag
- Dannhauer, Kareen (2017): Guter Hoffnung - Hebammenwissen für Mama und Baby: Naturheilkunde und ganzheitliche Begleitung, Kösel-Verlag
- Enz, Verena (2023): Mama-Selflove: Survival-Guide für den perfekt unperfekten Familienwahnsinn, Herder Verlag
- Gaigg, Daniela (2021): Selfcare für Mamas, Beltz Verlag
- Gresens, Regina (2016): Intuitives Stillen: Einfach und entspannt – Dem eigenen Gefühl vertrauen – Die Beziehung zum Baby stärken, Kösel Verlag
- Imlau, Nora (2016): Mein kompetentes Baby: Wie Kinder zeigen, was sie brauchen, Kösel Verlag
- Karp, Harvey (2016): Das glücklichste Baby der Welt: So beruhigt sich Ihr schreiendes Kind - so schläft es besser, Goldmann Verlag
- Kast-Zahn, Annette (2013): Jedes Kind kann schlafen lernen, GRÄFE UND UNZER Verlag
- Kessler, Katja (2008): Das Mami Buch: Schwangerschaft, Geburt und die zehn Monate danach, Coppenrath
- Klüver, Nathalie (2018): Die Kunst, keine perfekte Mutter zu sein: Das Selbsthilfebuch für gerade noch nicht ausgebrannte Mütter, Trias Verlag
- Krämer, Svenja (2022): Muttertät – Wenn sich plötzlich alles anders anfühlt: Wie das Mutterwerden unseren Körper, unsere Persönlichkeit und unser Leben verändert, mvg Verlag
- Largo, Remo (2019): Babyjahre: Entwicklung und Erziehung in den ersten vier Jahren | Ihr Erziehungsratgeber für Erziehen ohne Schimpfen - mit individueller Entwicklung im Fokus, Piper Taschenbuch

- Mik, Jeannine (2019): Mama, nicht schreien!: Liebevoll bleiben bei Stress, Wut und starken Gefühlen. - Mit zahlreichen Übungen & Notfallhilfe, Kösel Verlag
- Neujahr, Nicole (2024): Das erste Mal Schwanger: Ein wertvoller Begleiter für die werdende Mama! Alles Wissenswerte über die Schwangerschaft, die Geburt und das erste Jahr mit Baby
- Nolden, Annette (2023): Das große Buch für Babys erstes Jahr: Das Standardwerk für die ersten 12 Monate (GU Baby), GRÄFE UND UNZER Verlag
- Perry, Philippa (2021): Das Buch, von dem du dir wünschst, deine Eltern hätten es gelesen: (und deine Kinder werden froh sein, wenn du es gelesen hast), Ullstein Taschenbuch
- Renz-Polster, Herbert Dr. med (2022): Schlaf gut, Baby!: Der sanfte Weg zu ruhigen Nächten für Kinder von 0 bis 6 Jahren
- Rosenfeld, Katharina (2023): Zum ersten Mal schwanger: Alles, was Sie für die gesunde Entwicklung Ihres Babys wissen müssen. Bestens vorbereitet durch die Schwangerschaft, Geburt und Stillzeit
- Rosenthal, Katharina (2021): Immer locker bleiben, Mama! Mit Achtsamkeit zu mehr Me Time, Entspannung und Glück im Familienalltag
- Sanders, Julia (2022): Babys erstes Jahr! 12 wunderbare Monate: Das große Baby Buch mit wertvollen Tipps für Entwicklung und Ernährung bis hin zu Alltag und Erziehung
- Schmidt, Nicola (2021): artgerecht - Das andere Babybuch: Natürliche Bedürfnisse stillen. Gesunde Entwicklung fördern. Naturnah erziehen, Kösel Verlag
- Schneider, Isabelle (2024): Eine Minute Hebammenwissen, Trabanten Verlag Berlin
- Schwarzlmüller, Claudia (2024): Die Kinderdolmetscherin: Was dein Kind fühlt, denkt und wie du damit umgehst, FISCHER Taschenbuch
- Stein, Johanna (2020): Mama muss gar nichts! Gelassener und glücklicher im Alltags-Chaos – Das Mama Buch gegen Mental Load
- Stern, Loretta (2016): Das Wochenbett: Alles über diesen wunderschönen Ausnahmezustand. Für Mütter und Väter, Kösel Verlag

- Straßmeir, Petra (2023): Happy Mum - Happy Child: Das Mama-Buch mit 55 Impulsen für mehr Gelassenheit, Zufriedenheit & achtsame Selbstfürsorge im herausfordernden ... kein Egoismus ist!
- Theunert, Marei (2022): Mein sensibles kleines Wunder: Wie Eltern von High Need- und Schrei-Babys gut für ihr Kind und sich selbst sorgen, GRÄFE UND UNZER Verlag
- Tilgner, Jule (2019): Mutter werden: Dein Begleiter durch die erste Zeit nach der Geburt, Beltz Verlag
- van de Rijt, Hetty (2019): Oje, ich wachse!: Von den acht "Sprüngen" in der mentalen Entwicklung Ihres Kindes während der ersten 14 Monate und wie Sie damit umgehen können - Jetzt mit großem Kapitel zum Ein- und Durchschlafen, Goldmann Verlag
- Wagner, Konstantin (2021): Richtig schwanger: Gut informiert durch Schwangerschaft, Geburt und Babyzeit mit dem Social-Media-Arzt, GRÄFE UND UNZER Verlag
- Weiss, Lena (2023): Babys erstes Jahr - Der große Baby Ratgeber: Alles über Entwicklung, Ernährung, Alltag, Erziehung & Co.
- Wenk, Sophie (2022): Zum ersten Mal Mama: Alles, was Sie für die gesunde Entwicklung Ihres Babys wissen müssen. So kommen Sie sicher und bestens vorbereitet durch die Schwangerschaft, Geburt und Stillzeit
- Witt, Laila Maria (2021): Du bist die beste Mama für dein Baby: Gemeinsam durch dein erstes Jahr mit Kind (Die Bindung zum Baby von Geburt an stärken: Der Ratgeber für alle Mamas), Knaur Taschenbuch
- Wöhler, Katja (2022): 5 Minuten Auszeit für Mama – Achtsamkeitstipps für mehr Gelassenheit und Harmonie im Mama-Alltag. Ein wohltuendes Mama-Entspannungsgeschenk.
- Dannhauer, Kareen (2017): Guter Hoffnung - Hebammenwissen für Mama und Baby: Naturheilkunde und ganzheitliche Begleitung, Kösel Verlag
- Dannhauer, Kareen (2021): Baby.leicht: Was Eltern und Babys wirklich brauchen, Beltz Verlag
- Höfer, Silvia (2012): Hebammen-Gesundheitswissen: Für Schwangerschaft, Geburt und die Zeit danach, GRÄFE UND UNZER Verlag

- Lüking, Kerstin (2019): Ich werde Mama! Der perfekte Schwangerschaftsbegleiter: Mit Hebammen-Wissen und Tipps, Checklisten und Co.
- Stadelmann, Ingeborg (2018): Die Hebammen-Sprechstunde: Schwangerschaft, Geburt, Wochenbett, Stillzeit - eine einfühlsame Begleitung mit Aromatherapie, Bachblüten, Homöopathie und Pflanzenheilkunde.
- Stern, Anja (2024): Hallo Hebamme: Liebevoller und ehrlicher Rat für Wochenbett und Babyzeit (GU Baby), GRÄFE UND UNZER Verlag
- Czech, Jasmin (2023): 100 Fragen an deine Hebamme: Alles, was du wissen musst, zu Schwangerschaft, Geburt, Wochenbett, Stillen, Rückbildung und der ersten Zeit mit Baby, Riva

Zeitfracht Medien GmbH
Ferdinand-Jühlke-Straße 7
99095 Erfurt, Deutschland
produktsicherheit@kolibri360.de